Arte y locura

Solo los locos cambiarán el mundo

Lamberto Maffei

Arte y locura

Solo los locos cambiarán el mundo

Traducción de Pepa Linares

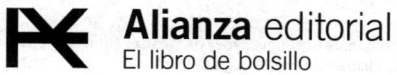

Alianza editorial
El libro de bolsillo

Título original: *Solo i folli cambieranno il mondo. Arte e pazzia*

Diseño de colección: Estrada Design
Diseño de cubierta: Manuel Estrada

© 2023 by Società editrice Il Mulino, Bologna
© de la traducción: Pepa Linares, 2024
© Alianza Editorial, S. A., 2024
  Calle Valentín Beato, 21
  28037 Madrid
  www.alianzaeditorial.es

ISBN: 978-84-1148-772-6
Depósito legal: M. 15.853-2024
Printed in Spain

Si quiere recibir información periódica sobre las novedades de Alianza Editorial, envíe un correo electrónico a la dirección: alianzaeditorial@anaya.es

Índice

Índice

*A mi mujer Maria Grazia Fucci,
por haber pensado y editado cada palabra
de este libro*

Prólogo

Queriendo hablar de la locura, pensé en aquel Diógenes de Sinope (siglo IV a. C.), que un poco loco sí estaba, la verdad; tanto como para vivir dentro de un barril y mostrar una actitud vergonzosa y carente de
respeto con las convenciones. Se cuenta que una vez,
en pleno día, salió del barril con un farol en la mano
y cuando le preguntaron qué hacía, contestó: «Busco
un hombre» (tal vez quería decir un hombre distinto,
honrado, ajeno a los convencionalismos, libre). Lo lla-
maron «el Sócrates loco», porque de Sócrates había
sido discípulo, y el pueblo lo llamó «el perro» (*kyon,
kynos,* en griego), de donde viene la palabra *cinismo*
para nombrar el movimiento filosófico que fundó, entre otros, con su maestro Antístenes. Mejor vivir con
poco o nada, pero conforme a la naturaleza, libre de
las leyes y las convenciones, despreciando los placeres

y todo lo que es superfluo. En efecto, se dice que renunció a la escudilla para beber solo porque había visto a un niño que bebía en el hueco de las manos.

Dante lo sitúa en el Limbo, y lo incluye entre los grandes espíritus del canto IV del Infierno:

> Demócrito, y su azar como proceso,
> Diógenes, Anaxágoras y Tales,
> Empédocles, Heráclito; a más de eso, Zenón[1].

En el fondo, cada cual lleva en su fuero interno fabulaciones y pensamientos extravagantes que garabatea en páginas dispersas por los cajones del escritorio, y que de cuando en cuando lee y relee para cerciorarse de que está vivo. A fin de cuentas, en un mundo en el que reina la búsqueda de lo superfluo y del placer, la homologación del pensamiento, de los deseos y las costumbres; donde, por desgracia, las armas se ejercitan en el tiro al blanco contra los hombres para matarlos, y donde predomina la falta de honradez, dedicarles un breve pensamiento a Sócrates o a Diógenes de Sinope para reconsiderar nuestra vida, no digo para revolucionarla, sino al menos para moderarla, no sería tan extravagante.

Hay quien dice que tal vez de esta nueva situación cultural, impropiamente considerada regresión e ignorancia,

---

1. Dante Alighieri, *Divina comedia,* versión poética de Abilio Echeverría, Alianza Editorial, Madrid, 2013.

nos salvará la belleza, pero puede que la belleza sea distinta y llegue a parecernos bello lo que de alguna manera nos sugieran que lo es; y justo, lo que nos sugieran que es justo.

No hay que maravillarse: vivimos en un mundo de cambios veloces, inesperados y sorprendentes, que se imponen sin encontrar resistencia o alternativas. El pasto de los nuevos rebaños es el poder económico y militar, y el bienestar consiste más en pacer que en pensar.

La belleza, concepto potencialmente mudable, no salvará a nadie; más bien me atrevo a imaginar hombres distintos, ajenos a las convenciones, un poco locos (como diría Einstein), que quizá no se salven a sí mismos, pero que cambiarán el mundo, o un pedacito de él. En la historia del hombre, la enfermedad psíquica sobre todo, aunque no únicamente, ha demostrado ser sorprendentemente eficaz para decir a gritos algo distinto, para rebelarse ante la homologación del pensamiento. Quizá ha llegado también para nosotros la hora de salir a la calle en pleno día, con el farol de la mente, y contestar a quien nos pregunte qué hacemos: «Buscamos al hombre».

En un ensayo anterior, titulado *Alabanza de la lentitud* (Alianza Editorial, 2016), observaba yo que en la vida se producen dos acontecimientos esenciales, el nacimiento y la muerte, y que apresurarse para el segundo acontecimiento sin reflexionar sobre nuestro paso por el mundo es una solución muy discutible.

Diógenes no se apresuró, vivió hasta la avanzadísima edad de ochenta y nueve años.

Los locos, sobre todo para los otros locos, son más simpáticos que los normales, para los cuales, por el contrario, resultan de difícil digestión, tanto que estos suelen recurrir a los oportunos remedios para el dolor de estómago. De esos locos quiero recordar aquí a uno que, cuando se hartó de hacerse el serio, se volvió muy divertido. Me refiero a Erasmo de Rotterdam, al que encontraremos en el próximo capítulo.

Doy mi más profundo agradecimiento a Daniele Malaguti, que siguió la escritura de este pequeño ensayo con atención y gran profesionalidad, sugiriéndome lecturas que han cambiado los conceptos y el tono de muchas páginas del libro.

I. Solo los locos pueden cambiar el mundo

1. Erasmo de camino al país de Albión

Erasmo de Rotterdam, teólogo, humanista y filósofo holandés, nacido en torno a 1466 y muerto en 1536, pasó mucho tiempo en Italia, casi tres años, visitando todas las bibliotecas, de las que, como suele decirse, era un auténtico ratón; lo de ratón de biblioteca, en su caso, no tiene el significado de roer libros, sino de roer contenidos. Escribía solo en latín, aunque le apasionaba el griego, que había enseñado en Berlín. Era un teólogo un poco raro, tanto que rechazó el cardenalato porque pensaba que todos los príncipes, incluidos los de la Iglesia, estaban más gordos que delgados. En resumen, un gran humanista que leía, enseñaba y quizá también rezaba, aunque de esta última ocupación no nos han llegado datos seguros. Un tipo serio a más no poder y muy conocido en toda Europa por sus vastos conocimientos en múltiples campos del saber.

Pues bien, este Erasmo partió de Italia en 1509 para dirigirse al país de Albión: Inglaterra. Iba con los medios de la época, es decir, a caballo. El viaje no se acababa nunca y Erasmo ya no era tan joven; los cincuenta se le echaban encima y cabalgar resultaba muy aburrido; además, todas aquellas sacudidas en la silla no le permitían sumergirse en sus pensamientos, es decir, trabajar, pensar. La espalda, sobre todo el final de la espalda, se resentía. Pensar no podía pero fantasear, sí; podía perderse en banalidades y locuras a las que de ninguna manera acostumbraba y de las que en condiciones normales, por ejemplo, en una biblioteca, se habría avergonzado bastante; pero sobre el caballo, en un sendero desierto en el que no se veía un alma viva, podía permitirse lo no permisible.

Y así fue como Erasmo comenzó a pensar en una diosa, una mujer alegórica, la Locura, a quien de ahora en adelante, para entendernos, llamaremos Doña Locura, probablemente una hermosa joven de curvas sinuosas y bastante apetecible a la vista, amiga íntima de la fantasía y del pensamiento irrelevante. Y esta Doña Locura comenzó a insinuarle al oído unas ideas extrañas, como las que usaban los habitantes del Olimpo con los pobres habitantes de la Grecia antigua, a los que animaban a hacer y deshacer, y, en el caso concreto de Erasmo, con su dolorcillo al final de la espalda, a pensar y no pensar, con predominio de lo segundo.

Erasmo imaginaba que Doña Locura hacía su propio elogio delante de un amplio público presentándose como el instinto vital y creativo indispensable para la vida, y que declamaba así:

> Sé muy bien lo que dice de mí la gente, pues no se me oculta la mala fama que tengo, aun entre los más necios. Pero yo soy la única, sí, la única, que, cuando quiero, hago reír a los dioses y a los hombres. Y prueba evidente de ello es que tan pronto como he comenzado a hablar ante esta numerosa audiencia vuestros rostros se han iluminado con nueva y no acostumbrada alegría. Habéis desarrugado el ceño, acompañando vuestro aplauso con una risa franca y amable. Al veros me ha parecido que, como los dioses homéricos, estáis borrachos de néctar mezclado con nepenta, mientras que antes, aparecíais tristes y hundidos en vuestros asientos, como recién salidos de la cueva de Trofonio[1].

Y Doña Locura susurraba con una vocecilla de diosa al oído izquierdo de Erasmo palabras insinuantes y atrayentes que el caballo, en cambio, no podía oír, pues de otro modo habría reducido el

---

1. Erasmo de Rotterdam, *Elogio de la locura,* trad. Pedro Rodríguez Santidrián, Alianza Editorial, Madrid, 2011.

galope, porque para fantasear hay que alargar el tiempo del viaje, ya que la fantasía nunca tiene prisa por llegar.

Erasmo –susurraba Doña Locura–, ¿alguna vez has reflexionado en que además del pensamiento existen también el sol y la luna y tu cuerpo y el prurito de tus sentidos, que quisieran ser libres y estar satisfechos? Además de la razón –pero ¿qué es eso?– existen la fantasía, la emoción, la alegría, el gozo de vivir. La razón nunca ríe, solo cansa y entristece.

Doña Locura tenía ya un enorme éxito entre el pueblo, pero también Erasmo comenzaba a experimentar los efectos de su fascinación. Tantos días encerrado en las bibliotecas, entre libros y más libros, y todo para ser como sus ilustres colegas y ganar notoriedad. Y el caballo galopaba y Erasmo fantaseaba. «Cuando llegue al país de Albión –pensaba–, se lo diré a mi amigo Thomas Moore, que es más sabio e inteligente que Demócrito. Además, Moore suena a *Moriae,* que en griego significa precisamente 'locura'. A él le dedicaré mi próximo libro, que se titulará *Moriae encomium.* También Thomas, más sabio que Demócrito, está quizá un poco loco».

Pero ¿qué tendrá de bueno esa bendita locura?, se preguntaba el caballo, y pegaba en el suelo con el casco de la pata anterior derecha, aunque no encontraba respuesta.

2. La locura tiene sus admiradores

Existe una amplia literatura, un poco vaga pero fascinante, sobre la posible relación de la locura con la creatividad. En tales contextos, el término «locura» no se refiere, en un sentido médico, a un diagnóstico de enfermedad mental grave, sino a unas manifestaciones transitorias que pueden aproximarse a ciertas enfermedades neurológicas o psiquiátricas. Esta aproximación, con matices de diverso grado, es real en todos nosotros; es la «psicopatología de la vida cotidiana», pero son también los vuelos inesperados por mundos sin explorar.

Locura quiere decir que existen personas distintas, personas que han perdido el sentido común, el cual, según Picasso, limita la creatividad. Las personas que salen del rebaño de ovejas de la globalización del pensamiento se podrían calificar de locas. Se dice que los artistas y los científicos están todos un poco locos, porque tienen un pensamiento y una vida distintos y se despreocupan de las costumbres.

El escritorzuelo piensa que todos estamos un poco locos, pero que nos escondemos con mucho cuidado entre el rebaño de los normales, porque vivir al margen de las costumbres, de la masa, algunos dicen de la «burguesía», da vergüenza y muchas veces es peligroso.

Es tan difícil ser distinto a los demás y salirse del rebaño que con frecuencia, con mucha frecuencia, resulta que la enfermedad psíquica y no solo psíquica ayuda a conseguirlo. Ayuda porque te lleva por caminos distintos y te obliga a conocer nuevas realidades que también tienen las otras ovejas, pero que están aprisionadas no sé cómo ni dónde, tanto que algunos a ese no sé dónde lo llaman «el inconsciente». Yo, el escritorzuelo, sé que llevo dentro algo que me gustaría examinar y que, en lugar de inconsciente, llamo «alma». Ahora bien, si me preguntas qué es el inconsciente, yo sé lo que es, pero no sabría decírtelo. Me encuentro en el caso de la conocida «cuestión del tiempo» de san Agustín, que sabía lo que era el tiempo pero no sabía explicárselo a otro.

Hay dentro del cuerpo unos objetos –objetos porque desde luego se materializan en él–, objetos de emociones, de pensamiento, de imágenes, de sonidos, que son tuyos, sabes que los tienes pero no puedes ceder, salvo cuando interviene la enfermedad, la cual, muchas veces, más que ser un mal (del latín *male aptus)* o algo destructivo, se vuelve constructiva: un grito de libertad al margen de la observancia de las leyes y la religión.

El hecho de que enfermedades psíquicas como la depresión o los fenómenos no graves y transitorios de bipolaridad, en los que se alternan los estados de excitación y depresión acompañados de rarezas intelectuales o conductuales, que hemos llamado locura, puedan tener alguna relación con la creatividad es algo que se sabe desde hace mucho tiempo y que aparece ya en Aristóteles. En efecto, la relación entre creatividad y locura se remonta a una nota inserta en el *canon aristotélico,* que conocemos con el nombre de *Problema XXX:*

¿Por qué todos los hombres excepcionales en la actividad filosófica y política, artística y literaria, tienen un temperamento melancólico, algunos hasta el punto de verse afectados por los estados patológicos que de ello se derivan?

Entre los filósofos se cita a Sócrates, Platón y Empédocles. Se sabe por sus escritos que eran individuos especiales, mirados con desconfianza, que muchas veces (pienso en Sócrates) pagaron con la vida su *locura creativa.*

Shakespeare habla de eso en *El sueño de una noche de verano* (acto V, escena I), cuando pone en boca del gran duque Teseo:

Dejemos a los amantes y a esas imaginaciones ardientes, a esas extravagantes fantasías
que van más allá de lo que la razón puede percibir.
El loco, el amante y el poeta son todo imaginación[2].

El poeta quiere transmitirnos la idea de que la locura puede ser una condición estimulante para la creatividad, el arte, el sueño y la fantasía. El sano, el que razona fríamente, es todo razonamiento.

2. William Shakespeare, *Sueño de una noche de verano,* trad. Luis Astrana Marín, Alianza Editorial, Madrid, 2011.

Muchos pensadores han reflexionado sobre las distintas caras de la locura, entre ellos hay que recordar a Michel Foucault en su magnífico libro *Historia de la locura en la época clásica* (1988). Me limito a citar esta única frase: «Del hombre al hombre verdadero, el camino pasa a través del hombre loco».

Escribía el poeta Rimbaud que la poesía solo puede nacer de un trastorno de los sentidos; de la necesidad de gritar, cantar y, diría yo, de vomitar sonidos, palabras, signos y colores que están en alguna parte del ser, como una terapia para continuar viviendo.

3. Enfermedad mental y creatividad: Franco Basaglia

El primer psiquiatra que se interesó científicamente por la relación de la enfermedad mental con la creatividad fue Hans Prinzhorn (1886-1933), hombre de cultura poliédrica y profundo conocedor de la historia del arte, que, después de estudiar medicina en la clínica de Heidelberg, hizo a este propósito unas observaciones estadísticas muy precisas. Su nombre fue y continúa siendo muy conocido y sus datos siguen citándose entre los más valiosos sobre el tema. Su principal obra docta apareció en 1922 con el título de *Bildnerei der Geisteskranken* (traduzco libremente como «Las artes plásticas de los enfermos mentales»). Por su creciente interés, la obra se tradujo al italiano en 1991 y posteriormente, en 2011, con el título de *L'arte dei folli*.

En 1921, el profesor Prinzhorn comunicó sus resultados en Viena durante una conferencia que obtuvo un gran éxito, en la que estuvieron presentes médicos y científicos, entre ellos Sigmund Freud.

Prinzhorn es el fundador de la psicopatología, cuyas dinámicas están con frecuencia en la base de muchas obras de arte, especialmente del arte moderno. Escribía así:

> La esquizofrenia es seguramente uno de los posibles modos, compatibles con la vida, de ser hombres, aunque exige de aquellos que la sufren la increíble fuerza de reinventar continuamente la realidad para así continuar existiendo en un mundo en el que tales personas perciben la imposibilidad de comprender y de ser comprendidas y sufren por ese motivo.

Estas palabras del psiquiatra me parecen sorprendentemente modernas, ya que describen una situación característica de nuestra vida actual, que vive y busca nuevas realidades y que debe reinventar en todo momento la actitud, el trabajo e incluso las palabras y la propia lengua. La palabra alemana *Geisteskranken* tiene, al menos para mi oído, un sonido duro, como si indicara la gravedad del significado de tener la mente enferma (o el espíritu, *Geist*). Puede que también nosotros estemos afectados por una enfermedad mental colectiva que nos vuelve inseguros en cuanto al pasado, al futuro y a los valores a los que acogernos en nuestra angustia oculta, que es una manifestación del hastío y la inutilidad de vivir.

Puede que el mundo, al menos el nuestro, se haya convertido en algo comparable a una gran clínica psiquiátrica y que Prinzhorn pudiera incluirnos en la estadística de sus *Geisteskranken*. La globalización ha sido como la pandemia de la COVID-19: ha difundido la enfermedad de la incertidumbre y de la búsqueda de una nueva realidad, entidad contingente pero escurridiza, que de hecho no existe como meta de llegada. Quizá por eso vivimos en la época de la velocidad, en un intento de huir de la vida real.

Ulrich Beck trató en su interesante obra *La sociedad del riesgo* algunos aspectos de la incertidumbre inducidos por la *globalización y sobre todo por el veloz desarrollo* de la tecnología, que él denomina *incertidumbres fabricadas,* a las que no resulta posible aplicar una probabilidad y que son, por tanto, incontrolables.

Los monstruos que ha producido el sueño de la razón en este caso específico son los peligros del nuevo mundo creados por la tecnología, es decir, por nosotros mismos.

Años después, Franco Basaglia escribiría una frase sobre la locura que la devuelve a la *fisiología* del sistema nervioso: «La locura es una condición humana. Existe en nosotros y está tan presente como lo está la razón».

Los estudiosos del cerebro, como yo mismo, subscriben esa conclusión incluso a la luz de las investigaciones científicas más recientes.

Las neuronas son la base de los procesos mentales de la razón humana, pero notablemente influidas por el contexto vital del sujeto, varían su actividad y su bioquímica, y son también la base de los procesos creativos y de los procesos de grave disfunción mental. Importa recordar que las neuronas no son máquinas estables, puesto que presentan una notable plasticidad y cambian su función con la edad y con los estímulos ambientales a los que se ven sometidas.

Franco Basaglia (1924-1980) fue sin duda el más genial y conocido de los psiquiatras italianos del siglo pasado. De amplia cultura humanista, influido por la obra de Michel Foucault y también por la de Jean-Paul Sartre, revolucionó el concepto y la terapia de las enfermedades psiquiátricas. Su experiencia, madurada en el hospital neuropsiquiátrico de Gorizia y posteriormente en Trieste, le llevó a considerar al paciente un ingresado al que curar solo con fármacos, sin encierros, electrochoques u otras manipulaciones de hecho muy parecidas a una tortura inhumana. Su obra tuvo como consecuencia, a pesar de las muchas adversidades, el cierre de los manicomios mediante la ley 180 de 1978, llamada precisamente *Ley Basaglia*. La nueva psiquiatría de Basaglia se adoptó oficialmente, pero nunca se aplicó por completo, en el sentido de que el cierre de los manicomios no estuvo acompañado por la red de asistencia territorial que la ley estipulaba. En efecto, las Residencias para la Ejecución de las Medidas de Seguridad (REMS) son estructuras residenciales de tiempo limitado, normalmente seis meses, para acoger a personas con trastornos mentales, que resultan absolutamente insuficientes por su número y que reciben a pacientes peligrosos. La alternativa es el hospital psiquiátrico, pero en realidad los pacientes psiquiátricos se quedan sobre todo en las familias, que por tanto deben hacer frente a enormes problemas tanto económicos como asistenciales.

4. «Locos» y «burgueses»

Estas consideraciones nos aconsejan aclarar y concluir que muchos de los llamados locos no son enfermos mentales, sino sencillamente individuos diferentes debido a una característica suya, que los «normales» juzgan sujetos evitables e incluso nocivos, aunque algunas veces estén dotados de una enorme creatividad y puedan revelarse renovadores en los campos de la filosofía, la ciencia e incluso en los comportamientos y las costumbres; innovaciones que, con los años, puede adoptar la misma comunidad que hasta entonces las había considerado impracticables.

A propósito de esto, parecen oportunas las consideraciones de Michel Eyquem de Montaigne (1533-1592): «Por eso todo aquello que queda fuera de los límites de la costumbre se juzga fuera de los límites de la razón, ¡Dios sabe con cuánta irracionalidad en general! La costumbre nos oculta el verdadero aspecto de las cosas».

En realidad, es posible que en la historia de la humanidad los cambios del mundo, por utilizar las palabras de Einstein, el progreso de la ciencia y de las relaciones sociales se hayan llevado a cabo por hombres que tenían que decir algo nuevo u original, que eran, aunque quizá es más adecuado decir parecían, distintos a los demás, locos, pero con un potencial intelectual mayor que el de los llamados normales.

Los locos tienen sus rarezas, pero existe también otra parte de la sociedad que tiene características comportamentales biológicamente muy marcadas e interesantes y del todo opuestas a las de los locos; son aquellos que temen los cambios y se oponen a ellos con fuerza y vehemencia, y que podríamos reunir bajo el nombre un poco anticuado de «burguesía». (Aquí califica a los conservadores, a los tradicionalistas, y no pretende tener un significado negativo, como se verá enseguida).

Los «burgueses» son conservadores: *Any change for the worse,* solía decir un lord inglés (Lord Adrian). Algunas veces, o tal vez con frecuencia, las guerras se producen también entre los locos y los burgueses, entre los ignorantes y los «enterados», entre los pobres, que lógicamente querrían cambios, y los ricos, que tienen miedo de ver menoscabada su rica tranquilidad. Los pobres, los desheredados, están entre los diferentes, aunque para los burgueses entran en la categoría de locos, gente que se debe evitar y alejar, incluso de la vista. Algunas veces despiertan una piedad momentánea, pero las miradas se dirigen a otra parte para olvidarlo.

La actitud social de todos nosotros, nuestra fotografía para los demás, suele percibirse por nuestros rasgos comportamentales más comunes, como conceptos, gestos o expresiones verbales. Aristóteles ya escribía: «somos nuestras costumbres», concepto que supone que también nosotros nos percibimos a nosotros mismos por nuestros hábitos. Los hábitos son como un espejo en el que nos reconocemos. Desde el punto de vista de las bases neurológicas, el hábito indica que algunos circuitos nerviosos se han reforzado a base de repetir funciones a las que han estado expuestos, con el resultado de que sus conexiones sinápticas se han vuelto más estables y eficaces; por tanto, podemos concluir que el hábito forma parte del aprendizaje. Si nos arriesgáramos a realizar una comparación poco correcta pero descriptiva, se podría decir que el hábito es un camino, quizá una autopista, hacia la robotización del sistema nervioso.

Yo creo que la costumbre, entendida aquí como rutina, es una estrategia de la economía de la actividad cerebral para asegurarse comportamientos considerados convenientes e incluso necesarios y consolidarlos. En su origen, cabe encontrar oportunidades para la vida social, la hipocresía, la pereza mental o la edad. El hábito se refiere a un gesto o una serie de gestos o de palabras que se repiten de una manera automática o semiautomática, activados por estímulos, palabras, acontecimientos, etc., que no tienen una finalidad especial para la supervivencia del individuo o de la especie (en tal caso, sería un instinto). El hábito, como lo acabamos de definir, es el conjunto de las organizaciones del funcionamiento cerebral con miras al éxito social o a la seguridad.

La característica de la «burguesía» es la previsibilidad, con sus defectos pero también con sus virtudes.

Me doy cuenta de que miro con ojos bastante estrábicos e injustos a los distintos tipos de personas y de que prefiero conscientemente a uno de ellos. Como dice Jesús en el sermón de la montaña:

¿Cómo ves la paja en el ojo de tu hermano y no ves la viga en el tuyo? O ¿cómo osas decir a tu hermano: deja que te quite la paja del ojo, teniendo tú una viga en el tuyo? Hipócrita, quita primero la viga de tu ojo, y entonces verás de quitar la paja del ojo de tu hermano (Mt 7, 3-5)[3].

---

3. Sagrada Biblia, versión de Eloíno Nácar y Alberto Colunga, Biblioteca de Autores Cristianos, Madrid, 1968.

Una invitación a la autocrítica, a la duda sobre nuestra forma de pensar y de actuar debería ser un estigma de la memoria en las cosas grandes y pequeñas de la vida cotidiana.

Juzgar y estar seguros de tener la verdad es al mismo tiempos arrogancia y limitación del pensamiento; por ejemplo, el intento de exportar nuestras leyes y nuestra democracia, asumiendo que son justas por definición, con el frecuente añadido de «por la gracia de Dios», y pasando por alto las desigualdades de la sociedad en la que se vive, además de ser racionalmente discutible, ha tenido resultados negativos y algunas veces desastrosos.

5. Una poeta en el manicomio: Alda Merini

En el campo del arte, los locos están en su terreno, porque su principal ambición no es representar la realidad, sino, como dice el pintor Francis Bacon (1909-1992), reordenarla de un modo distinto. Recuerdo una frase atribuida al pintor Willem de Kooning (1904-1997) que dice así: «En mis cuadros no pinto hombres, porque a estos los veo todos los días», que es como decir que la vista de los hombres es una realidad sabida que no necesita representación. Y Vincent van Gogh añade: «No hay que juzgar al buen Dios por este mundo, ya que es un boceto que le salió mal».

El artista ve su realidad de loco, que muchas veces adelanta la realidad de mañana, aunque en ciertas ocasiones se trate de un mañana lejano y lleno de obstáculos. El deseo del artista de explorar y crear realidades nuevas no es solo una propiedad de su cerebro, sino también, algunas veces, una propiedad cerebral (locura, para entendernos) activamente buscada mediante el alcohol o las drogas para ser, por así decirlo, más distinto, más loco, más artista.

Por ejemplo, entre los impresionistas estuvo de moda la absenta, un licor amarillento con sabor a anís y cuyos efectos se perciben en la mirada perdida de la mujer que tiene delante un vaso en el famoso cuadro de Degas.

El sentido común es enemigo de la creatividad, según Picasso, porque hay que ser libre como un niño. Todos los niños son artistas natos; lo difícil es continuar siéndolo de mayores.

Entre los locos que han dejado poemas destinados a perdurar en nuestra literatura, quiero recordar a una loca de vida tan dramática como artísticamente productiva, la poeta Alda Merini. Ella y yo nacimos el primer día de la primavera, el 21 de marzo, ella en 1931, algunos años antes.

La historia de su vida es la triste novela de un fantástico ser humano que supo encontrar en la enfermedad y en el arte, así como en su profunda fe religiosa, una resurrección.

En 1947, Alda Merini, con solo dieciséis años, fue ingresada por primera vez en la clínica psiquiátrica Villa Turro de Milán, donde se le diagnosticó un trastorno bipolar o psicosis maníaco-depresiva, que se caracteriza por la alternancia de estados de excitación/euforia con otros de depresión. Padeció las terribles terapias de la época: cuarenta y ocho electrochoques, algunos sin anestesia.

Hace muchos años, durante mis prácticas como residente en la clínica neuropsiquiátrica, asistí a numerosos electrochoques previa inyección de succinilcolina, un relajante muscular de duración breve. El paciente sufre una sacudida que lo hace saltar sobre la cama y que, cuando se aplica sin anestesia, como refiere la literatura, puede ocasionarle fracturas y contracturas musculares dolorosas y persistentes. La literatura informa de que en los casos de depresión este tipo de terapia por completo empírica puede tener efectos positivos. No me detengo en la etiología de los casos en que se recomienda ni en los mecanismos cerebrales que pueden justificar en algunas ocasiones unos efectos terapéuticos.

Alda Merini sufrió varios ingresos, alternados con periodos de vida relativamente normales. Describe su periodo en el manicomio, el contacto con los pacientes más graves y el terror a terminar igual que ellos. Durante los periodos de calma y lucidez escribió poemas muy hermosos que la hicieron famosa y por los que recibió varios premios, entre otros el premio Eugenio Montale. Reproduzco dos de sus poemas que me parecen significativos para el tema que tratamos:

Era una loca entre locos.
Los locos eran locos en lo profundo,
algunos muy inteligentes.
Nacieron mis mejores amistades.
Los locos son simpáticos, no como los dementes,
que están todos fuera, en el mundo.
A los dementes los encontré luego, al salir.

Y el poema dedicado a Franco Basaglia:

Qué enamorados estábamos, nosotros,
allí en los manicomios
cuando esperábamos, un día,
volver a florecer,
pero lo más insólito, creéme,
fue cuando descubrimos
que nunca habíamos estado enfermos.

El manicomio también está presente en el poema «La
Tierra Santa», cuya primera estrofa reproduzco aquí:

He conocido Jericó,
yo también he tenido mi Palestina,
los muros del manicomio
eran las murallas de Jericó
y un charco de agua infecta
nos bautizó a todos.
Allí dentro éramos judíos
y los fariseos estaban en lo alto

33

y estaba también el Mesías
confundido entre la gente:
un loco que gritaba al Cielo
todo su amor por Dios.

La profunda fe religiosa de Alda no le impedía imaginar a Cristo en el manicomio.

Jesús nos contó una gran historia que cambió la religión, el pensamiento, la conducta y hasta la política. Fuera de la fe cristiana se puede considerar a Jesús, el hombre, un gran maestro que enseñó una nueva filosofía moral, un predicador con un enorme carisma que fascinaba a quienes lo seguían entusiasmados, un hombre más grande que los demás, un ser diferente que soñaba con cambiar a la humanidad; daba miedo porque sacudía la razón y los corazones; puede que también Jesús fuera un loco. *Un loco más grandemente loco, divinamente loco.*

6. El más genial de los locos: Mozart

No tengo conocimientos musicales, no sé leer una partitura y solo esporádicamente acudo a oír óperas y conciertos, pero cuando escucho la música de Mozart es como un milagro, me exalto no solo intelectualmente, sino también hasta la raíz de los músculos, con un placer corporal; todos mis receptores se ponen en alerta y el espacio me parece más hermoso e interesante;

cada sonido, o cada ruido, hasta las palabras de los amigos y los familiares me resultan odiosas, y me gustaría huir para estar a solas con Mozart. La música de Bach es como los atardeceres, que dan una sensación de paz, de quietud, de serenidad, pero Mozart es la mejor droga para ser un poco más feliz, para salir del cuerpo clavado al suelo, y no solo por la gravedad, sino también por las necesidades de la vida. Mozart es la música que tocan en el paraíso. Un gran genio que se expresa con la sencillez del canto de los pájaros o de las olas del mar cuando se deslizan por la playa y rompen contra los escollos.

Desde luego, Mozart (1756-1791) nació con un enorme talento para la música; por fortuna, los genes de la música presentes en su ADN se reunieron para expresar en su cerebro ese talento. Pero todas las dotes humanas, aun desarrollándose con un componente genético del que no se puede prescindir, necesitan un segundo componente para expresarse que les viene dado por la experiencia y los estímulos ambientales y culturales que recibe el individuo, sobre todo el individuo niño. El talento de base puede permanecer oculto si la experiencia no lo ejercita y no lo ayuda a salir y manifestarse.

Mozart fue un niño prodigio. El padre, músico también, lo orientó hacia la música con una egoísta obsesión paterna que, a mi parecer, resultó negativa para la personalidad del Mozart adulto, pero también positiva. No fue solo un niño prodigio, sino también un niño aclamado, admirado, reconocido, por así decirlo, como un niño extraordinario, excepcionalmente dotado. Esto le ocurrió en la edad infantil, cuando el cerebro manifiesta su máxima potencialidad funcional, cuando los estímulos guardan sus mensajes para siempre en la memoria con una eficacia que no se producirá nunca más durante la vida. Desde luego, en la mente del Mozart niño se grabó la conciencia de ser un prodigio, un genio, dotado de un talento excepcional.

En su vida posterior, llena de problemas económicos y atormentada por una salud débil, aún más enfermiza por una forma de vivir desordenada y turbulenta, sin ningún sentido de la responsabilidad por su estado físico, tendrá siempre claro, y así lo expresa con frecuencia, que los demás podían tener poder y dinero, pero que él tenía el talento, por eso lo ponía prepotentemente en el platillo de la balanza cuando se comparaba con una sociedad que, ya de adulto, lo recibía con desconfianza. En una sociedad que ya no lo aclamaba, nunca se sintió ni se presentó como un siervo, un inferior, e hizo de todo para conservar un aspecto lo más digno posible, porque sabía que no era guapo pero que tenía dos manos valiosísimas, las prótesis de su genio. Pequeño, pálido, sin la menor prestancia física, feo, de salud delicada, pero con una prodigiosa memoria musical por la que podía escribir y componer de cabeza antes de trasladarlo a la partitura.

Del estudio de su historia personal, sus tics, sus grititos, las palabras y los gestos obscenos que mostraba

con los amigos, pero también algunas veces en sociedad, se ha deducido que padecía del síndrome de Tou-
rette, que no identifica un *vulnus* neurológico concreto, sino un cuadro comportamental caracterizado por
manifestaciones psicológicas, entre ellas un déficit de
atención y unos tics transitorios presentes en otros
síndromes; son síntomas más graves en la infancia,
que suelen desaparecer después de la adolescencia. Su
etiología no es clara, y es probable que afecte a los nú-
cleos cerebrales de la base que intervienen en el movimiento. De su comportamiento se ha deducido también la posibilidad de que tuviera el síndrome de
Asperger, una forma de autismo leve que no compro-
mete las funciones cognitivas y que muchas veces puede ser en algunos sujetos una fuente de creatividad
y de concentración excepcional en un interés concreto, como el de Mozart por la música.

Es cierto que alternó una actividad desenfrenada,
incluso en la sexualidad, con periodos de melancolía
(«Estoy escribiendo el Réquiem para mí mismo», le
dijo a su esposa). Parece que tenía un exceso de ener-
gía y que, para trabajar y crear, necesitaba descargarlo
en el sexo y el alcohol.

La música de Mozart no siempre fue apreciada; ni siquiera él, que era un genio, fue aceptado por la sociedad de su tiempo; la grandeza de su música solo se
comprendió del todo pasados muchos años después
de su muerte. Pero no nos sorprende: la aristocracia
para la que componía y la «sociedad burguesa» en la

que vivía eran demasiado conservadoras para interesarse por estímulos intelectuales distintos, que más bien las perturbaban.

Mozart no era una persona normal, era un ser diferente, un gran loco con una creatividad excepcional. Me acojo a una cita de Séneca para sintetizar lo que he dicho: «Jamás ha existido un gran genio sin un poco de locura» (*Nullum magnum ingenium sine mixtura dementiae fuit*).

Mozart era zurdo; por lo demás, como Beethoven. Toda su historia indica un claro predominio del hemisferio derecho, el más instintivo, emocional y creativo. No poseía dotes sobresalientes en el habla, pero sí una coprolalia burlona, palabrotas referidas a los excrementos con las que, en las cartas a su prima, casi coetánea suya, conseguía ser irónico y divertido. Tal vez era más animal que otros hombres, esclavos de las modas de la época y de la abulia y la pobreza intelectual; y, como si fuera el de un animal, arrojaron su cadáver a una fosa común. Pero resucitó en su grandeza y se hizo inmortal.

Me gusta recordar lo que escribió referente a la inspiración y la creatividad:

Cuando estoy, por así decirlo, completamente dentro de mí mismo, completamente solo y de buen humor, digamos viajando en coche, paseando después de una buena comida o cuando no consigo dormirme durante la noche, las ideas fluyen mejor y con mayor riqueza. No sé de dónde ni cómo vienen y no puedo forzarlas [...] Toda esta invención, este producir aparece como en un sueño vívido y placentero (cita de la carta de Mozart tomada del libro de N. C. Andreasen, *The Creating Brain. The Neuroscience of Genius,* Dana Press, Nueva York, 2005).

A comienzos de los años noventa despertó un gran interés lo que se llamó el «efecto Mozart». Apareció en el *New York Times* un artículo en el que se informaba de que los investigadores Rauscher, Shaw y Ky habían demostrado que escuchar la música de Mozart avivaba la inteligencia y que los resultados se habían publicado en una revista científica tan importante como *Nature*. Se escribió también un libro, y en la prensa italiana se concedió mucho espacio a la noticia, sobre todo por su posible importancia para la psicología y la enseñanza.

Estos resultados son todavía controvertidos. Es cierto que la música tiene un notable efecto en la estimulación del cerebro, pero todo tipo de música, clásica o moderna, produce unos efectos semejantes. En esto Mozart no es excepcional. Puedo añadir como experiencia personal, habiendo utilizado la terapia musical en la demencia y su prevención, que resulta muy eficaz cuando es el paciente el que la produce directamente, es decir, cuando no solo escucha, sino que también ejecuta. El hombre, cuando se hace *faber* y consciente de su obra, alcanza el máximo de su excitación cerebral.

II. Los locos dan miedo

1. ¿Cómo sabes tú si yo estoy loca?

«Pero es que a mí no me gusta estar entre locos», observó Alicia. «Eso sí que no lo puedes evitar –repuso el gato–. Todos estamos locos por aquí. Yo estoy loco; tú también lo estás». «Y ¿cómo sabes tú si yo estoy loca?», le preguntó Alicia. «Has de estarlo a la fuerza –le contestó el gato–, de lo contrario no habrías venido aquí»[1].

Después de las palabras de Alicia, me apetece continuar con las del Sombrerero Loco, y del extraordinario actor Johnny Deep que interpretó el papel en la película de Tim Burton *Alice in Wonderland:* «La gente

1. Lewis Carroll, *Alicia en el país de las maravillas,* trad. Jaime de Ojeda, Biblioteca Juvenil, Alianza Editorial, p. 97, Madrid, 2001.

ve la locura en mi coloreada vivacidad y no alcanza a ver la suya en su aburrida normalidad».

La mayor parte de las patologías que afectan a nuestro organismo, incluidas las discapacidades motoras, las fracturas o la pérdida de algún miembro, las disfunciones metabólicas, las enfermedades cardiacas, respiratorias y muchas otras, atraen la colaboración y la solidaridad de los conocidos y hasta la de personas a las que tratamos ocasionalmente; la enfermedad mental es una excepción, porque inspira inquietud y muchas veces miedo y ganas de alejarse de los individuos afectados. Así, por ejemplo, mientras que es normal sentir compasión y solidaridad por un enfermo de cáncer, se considera no menos normal sentir desconfianza, rabia o malestar por un enfermo de esquizofrenia o de depresión. Incluso no es raro que se utilicen a modo de insulto expresiones como «enfermo mental», «psicópata» o «esquizofrénico». La normalidad mental se define mediante estadísticas, como una media de la mayoría, y comprende también a ladrones, corruptores, explotadores de otros seres humanos, dictadores y, a mi parecer, también a los populistas y los pobres de espíritu. La media de todos estos individuos, es decir, la suma de todos ellos dividida por su número, es la *normalidad,* que, por tanto, tiene unos límites muy amplios y mal definidos.

Sin embargo, no cabe duda de que la enfermedad mental tiene una marca que la identifica, un estigma negativo que produce vergüenza. El enfermo mental es un ser humano menos humano, menos hombre, al que sientes muy distinto a ti y del que prefieres alejarte. Muchas veces la familia lo esconde o lo niega. Esto sucede, y aquí tengo experiencia personal, en el caso concreto pero desafortunadamente muy frecuente de la enfermedad de Alzheimer; el número de enfermos de este mal es muy superior al que refieren las estadísticas oficiales, porque muy a menudo ocurre en la intimidad de sus casas.

2. Los melancólicos

La situación social del enfermo psiquiátrico es, como ya se ha dicho, muy difícil, ya que en los demás interviene el miedo y hasta la repulsión manifiesta. El manicomio, como una prisión, era un intento de liberarse de «esos sujetos anormales», un lugar en el que abandonarlos para no tener que verlos.

La maldad, la arrogancia intelectual, unidas a la ambición profesional, la profunda ignorancia científica y todo lo que de despreciable puede caber en un ser humano, indujo a ciertos médicos ilustres a dañar el cerebro para sedar al paciente psiquiátrico más inquieto o violento con sintomatologías compulsivas.

El inventor e iniciador de esta bárbara intervención fue un médico portugués, Gaetano Egas Moniz (1874-1955), que, basándose en unos resultados poco fiables oídos durante un congreso y conociendo la enorme importancia de los lóbulos frontales y prefrontales del hombre, desarrolló una técnica quirúrgica consistente en extirpar la parte del cerebro que se ocupa de las emociones, en especial de las fibras que unen el lóbulo límbico con el lóbulo prefrontal, que está vinculado con las funciones intelectivas superiores y con la autodisciplina. Su técnica, experimentada primero en veinte pacientes, se llamó «leucotomía». Poco después la emplearon otros muchos cirujanos, sobre todo en Estados Unidos, con el resultado de lesiones cerebrales aún mayores, y pasó a denominarse «lobotomía».

Los pacientes quedaban completamente frenasténicos, pero tranquilos y sedados. El colmo de los colmos fue que en 1949 Moniz recibiera por estas intervenciones suyas el premio Nobel de Fisiología y Medicina. Un Nobel tan vergonzoso que, si fuera posible, debería retirarse. En su forma más agresiva, la técnica quirúrgica consistía en introducir a través de la órbita del ojo un instrumento que luego se retorcía para causar la destrucción de las fibras conectadas con el lóbulo frontal, cuyo resultado era la anulación de sus funciones. Algunos años después, afortunadamente, este tipo de intervención se abandonó gracias a la llegada de la terapia farmacológica; en especial, con el descubrimiento de la clorpromazina.

En la justificación del premio Nobel se puede leer una frase increíble, según la cual el paciente recuperaba la vida social debido a la intervención.

En 1939, el doctor Moniz recibió un disparo de un paciente operado por él y se quedó parapléjico.

En el contexto trágico de la enfermedad psíquica, quiero recordar una película de hace ya muchos años (1975), *Alguien voló sobre el nido del cuco,* con la interpretación excepcional de Jack Nicholson, que arrojaba luz sobre el drama de la situación del enfermo en el manicomio y sobre la inhumanidad, no exenta de sadismo, de las llamadas terapias, incluida la lobotomía que aplicaban al propio protagonista.

Me parece interesante precisar un detalle del título de la película, que en inglés era *One flew over the cukoo's nest. Cuckoo,* en inglés, significa 'cuco', pero también 'loco'; por tanto la traducción sería «Alguien voló sobre el nido del loco», que, a mi parecer, habría sido un título más adecuado.

El hecho de que los seres distintos por la enfermedad mental, el color de la piel o las costumbres sean gente a evitar incluso con guerras, si hace falta, es algo que se repite continuamente en la historia de la humanidad. Por ejemplo, en Estados Unidos, los indígenas, los pieles rojas, que vivían desde hacía siglos en aquellas tierras perecieron por las armas de los nuevos ocupantes europeos, y luego quedaron oportunamente recluidos en los territorios que les concedieron.

En el fondo, también las prisiones son más lugares de castigo y alejamiento de la sociedad que de rehabilitación y preparación para su reinserción en la vida social. A este propósito recuerdo la frase de Angela

Davis que aparece junto a su imagen en el mural que Jorit Agoch (el napolitano Ciro Cerullo) le ha dedicado en el barrio de Scampia: «Las celdas y las cárceles están proyectadas para romper a los seres humanos, para transformar a la población en los ejemplares de un zoo, obedientes con sus guardianes pero peligrosos los unos para los otros». «Las prisiones no eliminan los problemas sociales, eliminan a los seres humanos».

Durante mucho tiempo, los hospitales psiquiátricos, los manicomios, tuvieron prácticamente la misma finalidad.

E incluso muchas casas de reposo y residencias de ancianos cumplen una función de apartamiento de la sociedad. Habrá que recordar que en esos lugares los muertos por coronavirus fueron (verbo conjugado, es de esperar, ya en pasado) numerosísimos y las protestas de los familiares por la precaria asistencia no lo fueron menos. Las casas residenciales son muy caras, y aunque resulten acogedoras, se han convertido en un negocio, en una fuente de beneficios. Cuando la atención y las terapias son privadas y con miras a un resultado económico, se producen situaciones muy poco satisfactorias, por no decir delictivas. Además, también antes de la pandemia se denunciaron increíbles maltratos físicos y psicológicos contra los ancianos en algunas residencias.

La sociedad de la Edad Media, y también la del Renacimiento, apartaban a los distintos, a los locos y a todos aquellos que no eran de su gusto, como mendigos, homosexuales y leprosos, estos últimos de un modo tan especial como cínico: los metían en un barco que se adentraba en el mar sin meta alguna, con la única finalidad de mantenerlos lo más lejos posible de la ciudad.

Sebastian Brandt contó esa historia en *La nave de los necios,* publicada en 1494 y traducida al latín en 1497 con el título de *Stultifera Navis.*

El pintor Hieronymus Bosch, El Bosco (1453-1516), representó la triste nave, en cuyo centro se levanta el árbol de la sabiduría, que se inclina con el viento tempestuoso sobre los pobres náufragos.

Aparte de referirse a la enfermedad mental, «locura» es una palabra que se presta a numerosas interpretaciones, porque los límites entre la enfermedad mental y la funcionalidad cerebral estadísticamente distinta a la que arroja la media son poco claros, y porque, sobre todo en tiempos pasados, cualquier alteración del comportamiento, aunque solo se considerara molesta, se trataba con un rigor tan excesivo como acientífico. Paradójicamente, hay sabiduría y mucho de verdad en el discurso que la locura, vestida de diosa, dirige al público declarándose el origen de todo bien para la humanidad y para los propios dioses: «Yo, yo sola soy pródiga dispensadora de bienes con todos». En su discurso, la diosa se llamaba también a sí misma «despreocupación», «libertad de pensamiento» y hasta «creatividad».

Es evidente que el «burgués» no está de acuerdo con Erasmo porque él tiene un «trabajo» que busca la seguridad y orienta su comportamiento social al de aquellas personas con las que se relaciona, aunque sea por amistad o simple conocimiento, y prefiere quedarse con lo «seguro» y no arriesgarse a los cambios, que para él siempre son saltos en el vacío que lo atemorizan.

Para el estudioso del cerebro que conoce la potencialidad del sistema nervioso, su plasticidad y su creatividad, la posición del conservador es impensable, porque implica encadenar las neuronas a rutinas de funcionamiento, en una voluntaria renuncia a la potencialidad de la mente; para el creyente es como una blasfemia contra el don del libre albedrío, y para el ateo, que en el fondo cree en no creer, una renuncia a una de las características cerebrales que distinguen al hombre de los demás animales, es decir, a la libertad de elegir dentro de la sociedad.

En la leyenda del Gran Inquisidor que aparece en el capítulo quinto de *Los hermanos Karamazov,* de Fiódor Dostoyevski (1821-1881), se trata el problema de la libertad. El contenido es famoso, pero vale la pena recordarlo de un modo resumido. En una plaza de Sevilla, en los tiempos de la Inquisición, aparece de pronto Cristo; tras hacer varios milagros, la gente lo sigue entusiasmada y se siente liberada del poder y del terror de los inquisidores. Sin embargo, avanza por la plaza otra figura, la del Gran Inquisidor, que el día anterior ha mandado a la hoguera a muchos herejes. Ese viejo de noventa años, pero alto y erguido, cuyos ojos hundidos despiden chispas de fuego, predica que, lejos de querer la libertad, el hombre desea la seguridad y que alguien poderoso y seguro administre por él sus decisiones, mientras que Cristo y tal vez todas las religiones que conceden al individuo la libertad de elegir, el libre albedrío, no son más que ruido dañino para la vida. Se dirige a Cristo y le dice: «¿Por qué vienes a molestarnos?... Mañana te condenaré y te mandaré a la hoguera como el peor de los herejes». Cristo no responde, se acerca y lo besa en los «labios exangües». Inútil recordar que el beso de Cristo ha sido objeto de muchas interpretaciones, incluida la de un Cristo que se aleja por los vericuetos de la ciudad y deja espacio a la obra del Inquisidor.

La fe en Cristo de Dostoyevski, como cabe deducir de los personajes de sus novelas, puede ser discutible, pero lo cierto es que en una carta a Natalia Dimitrievna Fonvizina, reflejada luego en *Los demonios,* escribió lo siguiente: «Si me demostraran que Cristo no poseyó la verdad y efectivamente resultase que la verdad está fuera de Cristo, yo preferiría quedarme con Cristo antes que con la verdad». No me sorprende esta postura de Dostoyevski, porque era un ruso de fe ortodoxa, una religión que jamás ha sacrificado el pensamiento cristiano a la moda de los tiempos, incluidos los de la ciencia.

Joseph Goebbels (1897-1945), uno de los jerarcas nazis más importantes, en la línea del pensamiento del

Gran Inquisidor, afirmó que la verdad no es soportable para el pueblo que quiere vivir, y que es un deber descargarlo de ese peso.

Hoy ya no necesitamos inquisidores o nazis para resolver nuestros problemas, pues, con la llegada de la revolución digital, el algoritmo, ese amigo-enemigo invasor, nos libera del trabajo de pensar ofreciéndonos soluciones concretas para todos los problemas.

Sorprendentemente, el hombre renuncia al enorme don de la libertad de pensamiento y prefiere que alguien limite la plasticidad de sus circuitos nerviosos; por tanto, elige libremente no ser libre.

El burgués es el hombre que prefiere descender los escalones de la evolución humana antes que avanzar hacia un ser humano que aspire a construir una civilización bien avenida con el ambiente y con la igualdad de derechos y deberes.

3. El Basaglia de África

El miedo a la enfermedad mental, que empuja a las comunidades a invisibilizar a los enfermos con métodos a veces extremos, no es un recuerdo de siglos pasados. Con la misma saña cruel y, diría yo, fanática porque no está exenta de la superstición que ve en la enfermedad mental la complicidad de fuerzas demoníacas, en muchos países pobres, «pobres de humanidad», especialmente en África, es una actitud aún muy extendida.

A este propósito, las noticias que llegan de algunos países africanos, ya conocidas en todo el mundo, resultan increíbles y trágicas, tanto más cuanto que se producen en nuestros días dentro de comunidades religiosas, fanáticamente religiosas. Hombres y mujeres considerados «distintos» y cuyos comportamientos no encajan con los estipulados por la comunidad quedan (esperamos que pronto se pueda decir «quedaban») desnudos y atados a un árbol con pesadas cadenas y privados de toda asistencia hasta que mueren de hambre entre terribles padecimientos. Tales atrocidades son comunes en varios países africanos, notablemente en Benín y el África occidental, donde los enfermos mentales, a los que se considera endemoniados y absolutamente intocables por temor a infectarse del diablo, son apartados de la vista de los habitantes en los lugares paradójicamente llamados «de oración». En 2014, en un «campo de oración», se hallaron doscientas cinco personas atadas a los árboles con cadenas, a la espera de la muerte. Disponemos de cifras precisas porque justamente en Benín ocurrió un hecho extraordinario: un «distinto», Grégoire Ahongbonon, dotado de una humanidad excepcional, con pocos estudios y ninguna práctica médica, hasta entonces ocupado en trabajos muy sencillos, como la reparación de neumáticos, demostró que el corazón vale más que el saber y el conocer, con frecuencia enemigos de la generosidad, y se acercó a esas personas con un amor de católico ferviente.

La primera vez que me llevaron a una aldea –cuenta– me causó mucha impresión. En una casa había un joven encadenado de pies y manos a un tronco, con el cuerpo lleno de gusanos, como Jesús en la cruz. Lo curamos, lo medicamos y nos lo llevamos a nuestro centro, pero estaba tan mal que murió. Poco antes de morir, susurró: «¿Por qué he merecido que me trataran así?».

Grégoire, nacido en 1953, hace más de treinta años que viaja por su país llevando consigo una gruesa cadena. Es la cadena de la enfermedad mental, que en África no es solo una metáfora. Grégoire acaricia a los enfermos con sus gruesas manos y está comprometido con instituciones religiosas y médicas para ingresarlos en los centros que estas fundan. Su compromiso es dar a conocer esta tragedia en las parroquias y en todas las instituciones, incluso a nivel europeo, siempre con la gruesa cadena en la mano. A veces comenta: «Cuando cuento estas historias, todos lloran, pero nada más salir de la sala las olvidan».

Este hombre, conocido como el Basaglia de África, lleva treinta años salvando y curando a centenares de enfermos mentales destinados a morir. En los cuatro centros que ha conseguido crear en Costa de Marfil hay treinta mil pacientes hospitalizados.

El amor por el prójimo es un fármaco milagroso, eficaz y carente de efectos colaterales.

Grégoire también es un loco, pero por decirlo con las palabras de Alda Merini, «un loco de amor».

4. Pintura y esquizofrenia: Munch, Ligabue, Corbaz y Ensor

Volviendo a la pintura, hay artistas que consiguen crear obras interesantes y muy originales aunque están afectados por enfermedades psíquicas tan graves como la esquizofrenia. La particularidad es que esta patología presenta algunas características constantes porque dependen de las mismas funciones que se relacionan con los lóbulos frontales, el lóbulo temporal y el sistema límbico. Una de esas particularidades, al menos en algunos pacientes, es el aspecto anormal del rostro: los afectados muestran pupilas dilatadas, nariz y dientes grandes, en especial los caninos, de modo que su cara semeja casi la de un vampiro. Tales alteraciones son características de muchos pacientes esquizofrénicos que algunas veces, en su extrema y patológica originalidad, crean obras de gran interés artístico.

Se viene enseguida a la cabeza *El grito*, del pintor expresionista noruego Edvard Munch (1863-1944), donde vemos unos ojos muy abiertos, una boca abierta en la que se ve un diente, una nariz protuberante y una expresión de terror. Se cree que Munch padecía un síndrome esquizoide.

Estas palabras, escritas por Munch para describir *El grito,* dan una idea del estado de ánimo del artista durante la realización de la obra:

Una tarde paseaba por un sendero: a un lado estaba la ciudad, y a mis pies, el fiordo. Yo estaba cansado y enfermo. Me detuve y miré más allá del fiordo –se ponía el sol–, las nubes estaban tintadas de un rojo sangre. Noté un grito que cruzaba la naturaleza; casi me pareció oírlo. Pinté este cuadro, pinté las nubes como sangre de verdad. Los colores estaban gritando.

Otro pintor que muestra incluso en su rostro los signos patognomónicos de la esquizofrenia es un artista grande y original que trabajó en Italia, en Gualtieri, provincia de Reggio Emilia, Antonio Ligabue.

Ligabue nació en Suiza (1899-1965) de madre italiana y padre desconocido, y desde que era un niño tuvo una vida desgraciada. Entró en un hospicio para chicos pobres y considerados «anormales», y a los diecisiete años acabó en una clínica psiquiátrica. Las necesidades económicas influyeron en su salud física y psíquica tanto que sufrió de bocio y de raquitismo. Se trasladó a Gualtieri, en Italia, donde sobrevivió haciendo trabajos de peón. Ingresó varias veces en el manicomio, con una sintomatología maníaco-depresiva con episodios de violencia contra los demás y contra sí mismo, puesto que se daba golpes en la cara hasta hacerse heridas. Presentaba las características somáticas de las enfermedades psíquicas graves: pupilas dilatadas, nariz gruesa, dientes sobresalientes y mal cuidados y, en el rostro, el miedo a la vida. A los veintiocho años tuvo un encuentro afortunado con Marino Mazzacurati, que reconoció su enorme talento natural para el dibujo y lo inició en la pintura al óleo y los colores. Sus cuadros *naïfs* lo convirtieron en uno de los pintores italianos más famosos del siglo pasado. Murió a los sesenta y cinco años en el refugio para mendigos Carri de Gualtieri, donde ya lo habían acogido varias veces.

Otro caso de particular interés es el de Aloïse Corbaz (1886-1964), una pintora esquizofrénica que pintó durante su ingreso en el manicomio. Fue muy aclamada y se la incluyó en la colección inicial de Art Brut organizada por Jean Dubuffet sobre el arte psiquiátrico. Sus cuadros son tan originales y tan interesantes que en el año 2012 se expusieron en Lausana, donde había nacido y vivido, con gran éxito de público y de crítica. La obra *Fragmentos* refleja los trastornos de su patología mental.

Otro ejemplo de creatividad debido tal vez a síntomas de tipo esquizofrénico es el del expresionista holandés Ens Ensor (1860-1949). Su famosa obra *La entrada de Cristo en Bruselas en 1889* (1888) refleja en las expresiones de las caras rasgos que limitan con la patología psíquica.

5. Van Gogh y *Les racines*

Un pintor cuyas obras son hoy famosas y muy buscadas por su originalidad, porque hablan con signos y colores del mundo de la locura, un mundo al mismo tiempo hermoso y desconocido, como si fuera una realidad distinta y trágica, pero aún así espléndida, es Vincent van Gogh (1853-1890), cuyo universo pictórico nos ofrece una realidad tan fascinante como dramática. Vivió sus últimos setenta días en Auvers-sur-Oise, un pueblecito de artistas situado a 30 kilómetros de París.

En ese breve tiempo, el artista pintó casi ochenta obras, entre ellas algunas de las más famosas, como el *Trigal con cuervos,* el retrato del *Doctor Paul Gachet* y la *Iglesia de Auvers.*

Un día, hace ya muchos años, hallándome en París para asistir a un congreso, peregriné a Auvers-sur-Oise para ver los lugares en los que el gran artista había trabajado y donde estaba su tumba. Vincent está sepultado en el cementerio local, junto a su hermano Theo, que lo ayudó financiera y moralmente y que murió pocos meses después que él. Estar en el cementerio local, delante de la tumba de estos dos hermanos, es tan conmovedor como si fueran dos viejos amigos o dos parientes.

Van Gogh padeció una grave esquizofrenia, con alucinaciones visuales y auditivas, confusión mental y pérdida de memoria. En cambio, sus obras más famosas pertenecen a los periodos más oscuros de su psicosis, incluso durante su reclusión en el manicomio de Saint-Rémy, como si la enfermedad hubiera sido para él una fuente de creatividad.

Recientemente, ha aparecido en la prensa francesa (*Le Parisien,* 6 de octubre de 2020) una noticia muy interesante que recojo y resumo en parte porque revela el secreto del último cuadro de Van Gogh. A ciento treinta años de su muerte, el gran pintor holandés nos reserva todavía algunas sorpresas. En Auvers-sur-Oise, uno de los mayores especialistas mundiales en Van Gogh, Wouter van der Veen, director científico del Institut Van Gogh, ha localizado el lugar exacto que inspiró su última obra pictórica, *Racines d'arbres*.

Las raíces pintadas por Van Gogh se encuentran todavía allí, en aquel lugar mágico de Auvers.

Para Van der Veen el descubrimiento representa también un testimonio nuevo y extraordinario sobre la vida del pintor, que reproduzco aquí:

> Ese cuadro –cuenta– se pintó el mismo día de la muerte de Van Gogh. Acostumbraba a trabajar en las cercanías de la pensión Ravoux, donde tenía un cuarto. Cabe pensar que empezara a trabajar sin motivo, con calma, con aplicación, por la mañana, y que continuara luego, porque la luz que ilumina las raíces es la del final de la tarde.

Es decir, que Van Gogh habría vuelto a su pensión para dejar el cuadro y luego habría salido una segunda vez. De ahí la intuición del experto: «Su suicidio, justo en ese lapso de tiempo, entre las 19 y las 21, demuestra a mi juicio el estado de lucidez que tenía en el momento de poner fin a sus días. Una situación muy distinta a la imagen del hombre borracho, presa de una crisis de locura».

III. Pensamiento y mecanismos cerebrales

1. El devenir incesante

El hombre es como una hoja del cerezo que tengo delante de mi casa, que crece, se pone verde y luego cae, y cuando en otoño sale volando por el aire refleja la sensación de su devenir incesante, tan hermoso, tan expresivo para la mirada y para el alma, como un rastro oculto de la vida del hombre.

El pensamiento, es decir, los procesos verbales que están en su base, no son procesos estacionarios, puesto que cambian en función del tiempo, de los estímulos ambientales y del estado emocional y la salud del sujeto. Por tanto, el pensamiento se encuentra evidentemente en devenir, es siempre distinto.

La observación al microscopio de fluorescencia multifotónica de la dinámica de los contactos sinápticos, incluso en reposo, es un maravilloso milagro del cono-cimiento de nuestro devenir cerebral. Creer y decir: «Yo nunca cambio de idea» es sin duda una mentira, tal vez necesaria por los compromisos sociales, pero en lo sustancial no es más que sabia hipocresía inspi-rada por la supervivencia. El cerebro cambia e impide que no cambiemos de idea, aunque podamos hacer-nos la ilusión de lo contrario. En el fondo, la coheren-cia con nuestros compañeros de viaje es una tradi-ción, una especie de deber y de respeto por los demás, y la civilización, pese a todo, consiste en forzar el pro-ceso biológico.

La investigación científica tampoco acaba nunca; un experimento requiere otro posterior, otra pregun-ta a la naturaleza, y también a nosotros mismos, y otra y otra, y así en un camino infinito, apasionante pero también laborioso, como una carrera, tal vez inútil e imposible, hacia la verdad, pues de otro modo la cien-cia moriría, quedaría codificada para siempre, como la Biblia, y se convertiría en fe. La ciencia es como la poesía, curiosidad. Ambas son benditas porque ilumi-nan la trayectoria de la vida y malditas porque en un determinado momento del recorrido surge la con-ciencia de su vanidad. Como está escrito en la Biblia: *Vanitas vanitatum, et omnia vanitas* (Eclesiastés 1, 2, y 12, 8).

En el hombre, y quizá también en otros animales, las reacciones emocionales se encuentran en un con-tinuo cambio, porque las conexiones neuronales que las determinan cambian también continuamente; la percepción de una obra de arte que nos gusta y que conocemos en profundidad cambia según nuestro estado emocional o fisiológico. La imagen continúa siendo la misma en la retina y transmite la misma información a los centros cerebrales, emocionales y racionales, pero estos, si están alterados por otros estímulos, responden a una imagen igual con una reacción distinta. Es problemático y al mismo tiempo fascinante para el estudioso y el investigador indagar en el hecho de que la misma información genere un mensaje distinto y produzca una respuesta diferente.

La imaginación del pensamiento, ya seamos artistas o científicos (aunque todos somos un poco esas dos cosas), es un proceso en movimiento, y aunque no nos demos cuenta, retocamos continuamente las interpretaciones del cuadro racional. Yo, como neurofisiólogo, pienso que el viaje incesante e imprevisible de la imaginación se debe al encuentro casual, por decirlo con las palabras de Monod, del *azar* y la *necesidad,* donde el azar es la actividad cerebral espontánea, que tiene una estructura caótica incluso desde el punto de vista del análisis científico, y la necesidad es la actividad que se origina en el cerebro racional.

Blaise Pascal escribió: «La razón nunca supera a la imaginación, mientras que la imaginación derroca con frecuencia a la razón».

En el ámbito de la teoría de la percepción y de la filosofía, la palabra *Gestalt,* que Ernst Mach fue el primero en utilizar, significa 'forma', la forma en devenir. Volviendo a la dinámica de los procesos vitales, *la forma es el fin de la construcción, el fin del devenir artístico, y, en ese sentido, está ya muerta.* Muchos artistas han sentido, yo diría que han «sufrido» emocionalmente, este final del proceso artístico, por lo que sus obras son, al menos como intento, obras abiertas, por decirlo con palabras de Umberto Eco.

Un ejemplo de *Gestaltung,* de obra en construcción, son las creaciones de Paul Klee (1879-1940). Sus diseños están sin definir, esperan aún la operación del artista, pero también la interpretación del espectador; cuando es definitiva, la forma ya no vive, en el sentido de que no deviene; tampoco un libro está acabado, sino que vive y deviene a través del tiempo, en la interpretación de sus lectores. Cuando ya no lo lee nadie, el libro está muerto.

La observación de las nubes del cielo, además de ser un espectáculo fascinante, tiene el interés de ofrecer la experiencia de la percepción de formas mutables, que son la evidencia del devenir continuo de la relación entre el ojo, es decir, la imagen retínica, y su percepción. Como escribió el historiador del arte Ernst Gombrich, corresponde al espectador, convertido él mismo en artista, terminar la obra, que será distinta para cada uno de los espectadores.

2. Hacia una carrera sin metas

A lo largo de su historia, el hombre siempre ha buscado una solución teórica para prolongar su vida más allá de los límites biológicos. Ha inventado numerosos dioses, olimpos viejos y nuevos, por el asombro que le causaba el mundo, la tierra en la que vivía, y ha querido compartir la inmortalidad de los dioses. De mis lecturas de niño, recuerdo la frase de Victor Hugo, que, en *El hombre que ríe,* al describir la tormenta con todas las manifestaciones meteorológicas que la acompañan, comenta: «Esa es la razón de los politeísmos». A mis once o doce años, supuso toda una revelación porque los truenos, los relámpagos y la tormenta en el mar también a mí me parecían una vía del pensamiento abierta a lo sobrenatural. Y ahora, después de tantos años, cuando de noche veo a Júpiter, que resplandece como un gigante en el cielo, y a Saturno, más tímido, que lo acompaña fielmente, o a la bellísima Venus, mensajera del alba y de la noche, o las mil caras de la Luna, aunque conozco la ciencia que describe sus movimientos, el pensamiento vuelve a deslizarse hacia lo sobrenatural y, solo por un segundo, pienso que existe lo que hay en mi mente y que la verdad es mi pensamiento; luego el conocimiento se impone y, con él, la dificultad de encontrarle un sentido a nuestra existencia. En el *Canto nocturno de un pastor errante de Asia,* Leopardi lo grita con la verdad y la fuerza de la poesía: «¿Para qué tantas estrellas?».

El consumismo y la tecnologización del hombre, que lo hacen siervo de los maravillosos instrumentos que ha creado, no forman parte de la locura, sino de la estupidez y de su animalización. El terror de acercarse al funcionamiento de la máquina, hasta imaginar una posible convergencia con ella, produce ansiedad y asusta tanto al humanista como al científico.

Un animal puede estar enfermo y volverse violento o agresivo, pero nunca se vuelve loco, porque la locura forma parte de la inteligencia libre, y al hacer esta afirmación imagino al caballo de Erasmo levantando la cola en señal de acuerdo.

El espectáculo del ciclo vida-muerte es tan uniforme que se hace difícil refutar sus consecuencias. La frase de Elias Canetti: «¿A cuántos va a merecerles la pena seguir viviendo cuando la gente ya no muera?» es un consuelo, una frase un poco obsoleta que no convence a nadie. Y totalmente contraria al proceso vital.

Solo el hombre se ha convertido en dios de sí mismo, y por eso ha buscado la protección que le daban sus posibilidades, es decir, por lo menos alargar su vida, una pequeña inmortalidad terrena. Con esa finalidad, eligió dos caminos que tenía a su disposición: uno es el de la ciencia, porque su gran cerebro le daba esperanzas de alcanzar cierto éxito, y el segundo es el olvido de la muerte y el refugio en los placeres, como hizo Salomón, hijo de David y de Betsabé, que, con sus setecientas esposas princesas y sus trescientas concubinas, exploró todos los placeres carnales, aun reconociendo su vanidad y su carácter efímero. El placer es como correr detrás del viento, pensaba Salomón, ante la perspectiva de la muerte.

Otra forma de olvido es para muchos la vía intelectual, que equivale a perderse en las historias de los demás, en las obras literarias de los grandes autores y volver a vivir con los antiguos padres que nos legaron la aparición del pensamiento y de la poesía; sus obras se leen y se repiten continuamente para ilusionarnos con ser, como ellas, inmortales.

La vía de la ciencia ha dado mayores esperanzas a una posible inmortalidad terrena, vivir más tiempo con la esperanza de una duración sin límites. Y de hecho, el hombre lo ha intentado y ha conseguido, sobre todo en el siglo pasado, alargar varias decenas de años la duración de la vida venciendo algunas enfermedades y mejorando además su calidad. No obstante, conviene notar que la prolongación de la vida ha acarreado evidentes complicaciones, porque la salud de los mayores ya no está acompañada de la fisiología de la que disfrutaban, sino de una patofisiología repleta de patologías grandes y pequeñas, de modo que la persona mayor, con el aumento de la edad, se convierte en un ser ansioso de sobrevivir aún más y todos los días ingiere disciplinadamente varias pastillas y vigila con atención periódica las variaciones de sus análisis clínicos. Tales complicaciones comunes a la vejez, especialmente en edades avanzadas, se ven dramáticamente agravadas por la demencia en sus variadas formas, sobre todo por la enfermedad de Alzheimer, para la que no existen terapias. Podríamos observar con cierto cinismo que la prolongación de la vida ha sido un gran éxito sobre todo para los laboratorios farmacéuticos.

Sin embargo, el hombre sabe que es una hoja al viento y, ante la pavorosa perspectiva de la Nada que es la muerte, siente que todo, incluida su ciencia, es tan vano como dice la esfinge Qohélet, y que el universo lo mira con una sonrisa. Es probable que la perspectiva de morir lo inquiete más que la muerte misma. La esfinge habla y no habla, pero incluso en sus silencios el mensaje convence al pensamiento de la inutilidad de vivir. Cierto es que el *Cantar de los cantares* es un hermoso himno a la alegría, pero intelectualmente es como un poema, es locura, es un canto biológico de las ilusiones.

El hombre concreto, tú y yo, somos solo representantes pasajeros de la especie, actores de un espectáculo de duración breve cuyo sentido se nos escapa irremediablemente mientras el miedo a la muerte nos persigue como el tigre a su presa.

3. La dificultad de aprender cosas nuevas

Si es cierto, como dice Einstein, que solo quienes quieren cambiar el mundo, «los locos», consiguen cambiarlo de verdad, también lo es que para los «normales»

(¿quiénes serán esos?) los locos son seres a los que hay que apartar, a ellos y sus obras, sobre todo las artísticas, porque no caben en la tradición académica aceptada. Por lo general, se las critica, se las rechaza y se les pone todo tipo de obstáculos, puesto que se consideran cosas de locos o de imbéciles. Una actitud nada sorprendente, dado que ver es más que nada reconocer signos, palabras y otros mensajes visuales ya inscritos en la memoria, construir una relación entre la realidad, la imagen en la retina y la imagen en el almacén del cerebro.

Es difícil reconocer una realidad visual nueva, no experimentada con anterioridad, cuando no está en el almacén del cerebro, si no es con un abrazo sensorial inmediato, que probablemente requiere los brazos de otro loco. Si no se reconoce lo nuevo porque no está entre los habitantes de la memoria, nos parece un intruso al que poner de patitas en la calle. Con un mecanismo cerebral igual al de la desconfianza y el miedo a lo nuevo, los inmigrantes, «hombres nuevos», con el color de la piel y/o unas ropas distintas, forasteros para la familia de la memoria italiana y europea, son considerados también intrusos a los que poner de patitas en la calle. Por desgracia, precisamente con los inmigrantes, tenemos una demostración diaria de esta hipótesis de «ver» con los ojos del alma cerrados.

Los académicos también son muy miopes. Cuando ven aparecer las obras artísticas de los «locos», que, por su gran novedad, no habitan en la memoria

académica, se sienten inclinados a criticarlas y recha-
zarlas.

Piénsese, por ejemplo, en lo ocurrido con el impresionismo, la pintura abstracta o el cubismo, manifestaciones artísticas que ahora interesan también al gran
público pero que durante mucho tiempo se tuvieron
por formas expresivas secundarias o de ninguna rele-
vancia artística. Con el tiempo, el cerebro aprende a
enmarcar los signos y a dotarlos de sentido y de armonía, por decirlo con palabras de Kant, según el cual la
percepción de la belleza ocurre mediante el reconocimiento de una armonía cualitativa y cuantitativa que
encuentran los signos y los colores en las artes visuales
o los sonidos en la música, lo que vuelve más racional
que emocional el juicio de lo que es «bello». Cuando
se produce este aprendizaje y lo nuevo deja de serlo,
la obra no solo es aceptada, sino también aclamada y
disfrutada. Digo disfrutada porque la obra de arte es
fuente de placer no solo intelectual, sino también sensorial y físico. La distinción entre placer intelectual y
placer sensorial que se experimenta ante la obra de
arte es ciertamente virtual, solo un modo académico
de distinguir funciones en todo caso cerebrales.

Es bien conocido el caso de una obra de arte, ahora
muy admirada en el Museo d'Orsay, que precede y
anuncia el impresionismo: *El desayuno en la hierba*
(1863) de Édouard Manet (1832-1883); la representación de la mujer desnuda delante de dos hombres
bien vestidos, uno de ellos incluso con sombrero, se

juzgó escandalosa y fue rechazada en las exposiciones oficiales, hasta que la aceptó el Salon des Refusés, cuyo nombre habla por sí solo. Manet, que había pintado el cuadro con ciertas obras renacentistas en la cabeza (recuerda especialmente al *Concierto campestre,* atribuido a Tiziano), se convirtió, a su pesar, en un escandaloso revolucionario, que se permitía el lujo de pintar a una mujer desnuda delante de dos señores respetables que, al parecer, charlan entre sí y no hacen caso de ella. La mujer desnuda en primer plano representaba, pues, una realidad distinta, un auténtico puñetazo a la tradición de la época y a la extendida y filistea hipocresía.

4. El cerebro: racional, irracional y loco

Yo soy mi cerebro, mis pensamientos, mis emociones, lo que fui, lo que soy y lo que seré. Me horroriza que en la vejez mi cerebro ya no me haga compañía o que me abandone al abismo de la demencia. Existe una diferencia sustancial entre el pensamiento del joven y el del viejo; el primero tiene las incertidumbres del futuro; el viejo, que lucha con su precaria ficisidad, ya no tiene incertidumbre alguna: sabe que cada día puede ser el último.

El psicólogo William James (1842-1910) escribió que los seres humanos pueden modificar su vida modificando la mente, es decir, el cerebro.

Yo he dedicado mi vida de investigador al estudio de la plasticidad del cerebro y puedo aseguraros que es como la arcilla y que se puede moldear para construir ideas, imágenes y sentimientos, donde las manos que moldean son los estímulos que recibe y que cambian su actividad básica. Decía Einstein que el cerebro es como un paracaídas y que hay que mantenerlo siempre abierto; en efecto, para el neuropsicólogo el cerebro es un poco como los músculos: cuanto más los usas, más se robustecen y más eficaces y resistentes se vuelven contra el desgaste de los años. En la corteza visual de los animales de laboratorio he visto cambiar las conexiones, los contactos sinápticos, en respuesta a la luz, y la emoción que causa verlo es indescriptible. En el hombre, la resonancia magnética funcional ha probado que los estímulos sensoriales e intelectuales producen variaciones en la actividad cerebral y en la circulación de la sangre. Nuestra forma de ser, modestos, sinceros, perversos, melancólicos o alegres, está ahí, justo en las conexiones sinápticas que responden a los estímulos, a las experiencias, a la cultura y a nuestro modo de estar en el mundo. El cerebro es un misterio maravilloso.

A veces, cuando veo a los jóvenes y a los que no lo son tanto correr por las calles o hacer ejercicio en el gimnasio, pienso que deberían ejercitar también el cerebro con los instrumentos del pensamiento, la lectura, la escucha y el habla. Al deseo de tener un cuerpo hermoso y eficiente deberían añadir el de tener un cerebro «bello». Seduce más un pensamiento que estimula tu actividad cerebral que unos hombros o unas piernas robustos.

La máquina cerebral, que es de una enorme complejidad, pesa en el caso humano cerca de un kilo y cuatrocientos gramos, con variaciones bastante relevantes que, según parece, no ejercen una gran influencia en las funciones cerebrales; se compone de ochenta y seis mil millones de neuronas con 150.000 kilómetros de conexiones. Lo sorprendente es que sesenta y ocho mil millones de neuronas corresponden al cerebelo, que pesa solo 140 gramos. El cerebelo es un órgano muy importante, sobre todo para la regulación y la modulación del movimiento; en los casos de extirpación por intervenciones patológicas, el paciente muestra claros trastornos en el movimiento y el equilibrio, aunque en menor medida en los procesos cognitivos.

Las investigaciones científicas han demostrado que la sinapsis es el elemento principal del funcionamiento cerebral. Tanto es así que la parábola del número de sinapsis durante la vida representa la parábola de nuestra vida mental y comportamental.

El número de sinapsis es de casi un millón de millardos y, por ejemplo en los lóbulos frontales, alcanza su máximo a la edad de tres años, que se corresponde con la mayor funcionalidad del cerebro; de ahí mi opinión de que el colegio debería empezarse mucho antes para no desperdiciar un patrimonio tan valioso. La potencialidad cerebral se mantiene alta durante toda la adolescencia y hasta la edad de treinta años, más o menos. Luego, poco a poco, el número de sinapsis comienza a disminuir y la incorporación de cosas nuevas, aunque posible, se hace más dificultosa. Una persona mayor, si tiene salud, puede hacer bien, por ejemplo en su trabajo, lo que aprendió cuando era joven, pero encuentra mucha dificultad en incorporar habilidades nuevas. La necesidad de una continua puesta al día de las nuevas tecnologías por parte del trabajador debe tener en cuenta estos cambios de la plasticidad cerebral y, en consecuencia, de la capacidad de aprendizaje.

5. La enfermedad: una llave del inconsciente

La figura representa los distintos componentes de la mente humana. Según la denominación de Freud, al consciente le corresponde el principio de realidad, es decir, la sede de la razón, de la racionalidad y de la conciencia del yo; el ello es la sede del principio del placer y del inconsciente instintivo, mientras que el superyó es la mente ética, en la base de la conciencia. El ello, llamado modernamente *inconsciente adaptativo,* elabora la información antes de que nosotros seamos conscientes de ella.

Registrando las señales eléctricas del cerebro mediante un simple electroencefalograma se puede obtener información de acontecimientos futuros producidos por la actividad cerebral: uno de ellos es la señal de «rapidez motora», que aparece una fracción de segundo, doscientos milisegundos, antes de que hagamos un movimiento, lo que se explica por el tiempo necesario para que la actividad de las motoneuronas corticales lo conviertan en un acto. No se conocía ningún dato científico antes de las últimas investigaciones de la actividad preconsciente.

La actividad preconsciente se demostró mediante el experimento sencillo pero genial de Benjamin Libet (1916-2007), el cual, en 1983, registrando las señales del electroencefalograma (EEG), pudo predecir lo que iba a decidir el sujeto antes de que él mismo lo pensara. El experimento se desarrollaba del siguiente modo: a los sujetos voluntarios se les pedía que levantaran un dedo en el momento en que tuvieran ganas e intención de hacerlo, es decir, cuando eran conscientes de la intención de levantarlo. Resultó que la actividad cerebral cambiaba quinientos milisegundos antes de que el sujeto levantara el dedo, es decir,

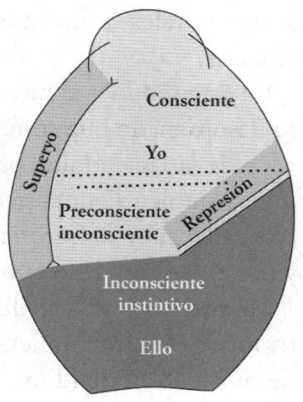

trescientos milisegundos antes de que sintiera el deseo de hacerlo. En resumen, el experimentador sabía antes que el sujeto que este había decidido levantar el dedo (se trata de un experimento muy técnico cuya comprensión he intentado facilitar en una publicación anterior, titulada *La libertà di essere diversi,* Il Mulino, Bolonia, 2011).

El experimento plantea dudas sobre los límites del concepto de libre albedrío. La hipótesis de Libet era que la señal premonitoria procedía del inconsciente (en la figura: inconsciente instintivo).

Así, la enfermedad psíquica abriría las puertas del inconsciente, un lugar desconocido en el que se acumulan fuerzas negativas, pero también positivas, capaces de manifestarse en forma de pensamiento creativo, y la enfermedad podría contribuir a que salieran a flote mediante la apertura de esas puertas. El condicional es necesario porque los conocimientos científicos para sostener tales conceptos no están en absoluto elucidados.

En este sentido, el inconsciente es un enorme depósito desordenado que comprende los traumas de la infancia y de la vida adulta, padecidos inconscientemente, y quizá también algunas pulsiones instintivas aprisionadas con cadenas en la historia de la civilización por las leyes y por el sentido de lo que se debe y no se debe hacer.

Me pregunto si la civilización, indudablemente positiva para el mantenimiento de la sociedad y las relaciones entre los individuos, ha sido positiva y beneficiosa para el individuo concreto, que ha debido someterse al deseo de las mayorías. Estos pequeños o grandes retos a las libertades individuales han sido almacenados y aceptados por el pensamiento racional. En *El malestar en la cultura* Freud se expresa a este propósito con total claridad cuando escribe que es justamente el desarrollo de la civilización, con sus normas, sus permisos y sus prohibiciones, lo que obstaculiza la felicidad a la que todos aspiramos.

«Creo en la razón del hombre» *(Ich glaube an seine Vernunft)*, grita el Galileo de Bertolt Brecht.

La conciencia es fruto de los compromisos sociales, de las costumbres cotidianas consolidadas en la memoria del hacer más que en la del pensar, en la memoria procedimental más que en la declarativa.

En el depósito del inconsciente se halla la fuerza carente de vínculos del cerebro humano, pero la razón ha tenido miedo y ha cerrado las puertas para que el *Homo sapiens* no pudiera entrar; sin embargo, algunas veces lo alcanzan unos impulsos indirectos, generalmente ocultos en las enfermedades o en los estados de sufrimiento psíquico, como mensajes que consiguen introducirse entre las rendijas de las puertas que separan el inconsciente del *consciente, que representa, por tanto, un hombre incompleto.*

La enfermedad podría ser un pestillo que abre unas rendijas a las fuerzas del inconsciente, y es natural, yo diría que hasta previsible, que el resultado sea desagradable para los normales y los sanos y que estos lo rechacen, porque sustancialmente es un afloramiento de la incivilidad siempre al acecho y siempre combatida y reprimida. El psicoanalista no abre rendijas, pero invita al paciente a buscar en el depósito las causas lejanas de sus trastornos actuales. Por ese motivo, contar, hablar, igual que confesarse, son siempre hechos positivos, un auténtico alivio terapéutico, porque, directa o indirectamente, el hombre acaba siempre hablando de sí mismo.

Escribe Jorge Luis Borges en *El hacedor* (1960):

Un hombre se propone la tarea de dibujar el mundo. A lo largo de los años puebla un espacio con imágenes de provincias, de reinos, de montañas, de bahías, de naves, de islas, de peces, de habitaciones, de instrumentos, de astros, de caballos y de personas. Poco antes de morir, descubre que ese paciente laberinto de líneas traza la imagen de su cara.

Estas fuerzas, que de algún modo escapan al control racional, pueden hacernos retroceder a una época de precivilización, pero también pueden tomar el camino de la creación artística. Por eso Dostoyevski pone en boca del príncipe Myshkin, no por casualidad un idiota, que la belleza salvará al mundo.

Cabe preguntarse si la belleza es fruto del cerebro emocional o más bien del racional, como pensaba Kant. Yo creo que el cerebro racional está precedido de un estadio emotivo que luego se analiza inconscientemente en sus componentes básicos, que construyen su armonía, y pasa de percepción emocional a consciencia racional.

Pero hoy, en un mundo de cambios veloces, este desbordamiento de un pasado sepultado en el depósito del inconsciente, inesperado y sorprendente, se impone sin hallar resistencia o alternativas y forma el pasto de los nuevos rebaños, como una necesidad de perseguir el poder económico y militar, de modo que el bienestar consiste más en pacer que en pensar.

Así las cosas, la belleza también será fluctuante, líquida, y nos parecerá bello lo que, de algún modo, cualquier *maître à penser* de turno nos convenza de que es bello. En tal situación, la belleza, reducida a un concepto potencialmente mudable, no salvará a nadie; sin embargo, como ya ha pensado más de uno, la enfermedad, me refiero a la enfermedad psíquica, será más eficaz para lanzar el grito de lo distinto, de la rebelión ante la homogeneización del pensamiento.

6. La locura del desprecio de la ciencia

El psicólogo Howard Gardner publicó en 1983 un ensayo en el que sostiene que la inteligencia no es una sola cosa, sino que existe una multiplicidad de inteligencias con distinto peso en cada individuo, de forma que algunos se distinguen por un tipo de inteligencia y otros por otra. Sus consideraciones son muy sabias, y todos tenemos esa experiencia en la vida social. Gardner distingue siete tipos de inteligencia:

- Inteligencia lógico-matemática.
- Inteligencia lingüística.
- Inteligencia musical.
- Inteligencia espacial.
- Inteligencia corporal-cinestésica.
- Inteligencia interpersonal.
- Inteligencia intrapersonal.

Es muy difícil asociar una determinada inteligencia a un individuo, y mucho más a un *locus* cerebral, por ejemplo, al hemisferio izquierdo o al derecho, ya que casi siempre se trata de combinaciones activas de todos los tipos de inteligencia, aunque con distinto predominio. Muchos hemos tenido amigos o compañeros conocidos e incluso famosos en sus profesiones que demuestran ser muy pobres en otros campos.

Es sabido que Einstein no era un gran hablador, pero sus iniciales problemas escolares para expresarse no le impidieron concebir ideas revolucionarias en el campo de la física.

Yo mismo, en el colegio y el instituto, tuve amigos como Ennio De Giorgi, un genio de las matemáticas, en las que proyectaba una profunda dimensión metafísica, que sin embargo era muy distraído en otros campos del saber. Al mismo tiempo, muchos compañeros y amigos, ensayistas y literatos de nivel internacional, claramente de enorme inteligencia, no solo lingüística, sino también relacional y musical, no mostraban el menor interés por el saber científico, como si la gran pasión por una determinada disciplina los obligara a descuidar otros conocimientos importantes.

El desprecio de la ciencia está mucho más extendido de lo que pensamos. El rechazo de las vacunas durante la pandemia de la COVID es una demostración tan inquietante como peligrosa. Las razones de tales posturas ideológicas residen, a mi parecer, en la ignorancia, en la mala información y también en la enseñanza, un aspecto este último tan descuidado que casi nos induce a pensar en una estrategia política para manipular con mayor facilidad a la población.

Incluso nuestros mejores institutos no conceden a la enseñanza de la ciencia el espacio necesario para formar un pensamiento científico a la altura de los retos que plantea la modernidad.

En los institutos italianos predomina aún la cultura humanística, y en la enseñanza de letras se dan cuatro horas semanales de latín y griego y dos de matemáticas, quizá la más humanista de las disciplinas en la medida en que se trata de puro razonamiento.

Lo cierto es que el pensamiento idealista de Giovanni Gentile, ministro de Instrucción Pública durante el régimen fascista y padre de una reforma de la enseñanza en Italia, todavía vigente en sus líneas culturales, ha causado daños desastrosos que se reflejan aún en la cultura y la economía de nuestro país.

Según Benedetto Croce, cuyo pensamiento filosófico respeto, la cultura (humanista, se sobreentiende) debe estar destinada a quienes están llamados a dirigir la sociedad y la ciencia, a los ejecutores y los trabajadores.

En más de una ocasión, Croce disparó con bala contra la ciencia y la matemática. Es famosa su intervención en el congreso de la Sociedad Filosófica Italiana en Bolonia (1911) (entonces Einstein tenía treinta y dos años y recibiría el premio Nobel en 1921), convocado y presidido por el gran matemático Federico Enriques, que, por el contrario, defendía la importancia de la ciencia. Croce sostuvo que las matemáticas y la ciencia no son auténticas formas de conocimiento y que solo se adaptan a los «ingenios pequeños», propios de los científicos y de los técnicos, porque «los hombres de ciencia [...] encarnan la barbarie mental que supone sustituir los conceptos por los esquemas» y, al igual que los artesanos, son incapaces de elaborar o de analizar conceptos profundos.

6.1. Un caso de Nobel: Giorgio Parisi

Me limitaré a poner un ejemplo aprovechando el caso del premio Nobel otorgado en 2021 a nuestro gran físico Giorgio Parisi. Conozco a Giorgio desde hace mucho tiempo, como hombre e investigador, y puedo asegurar (si fuera necesario) que Giorgio no es un «ingenio pequeño» y que, lejos de encarnar la «barbarie mental», es una persona de genio y de amplia cultura, dotada de una enorme intuición y de una capacidad de concentración mental excepcional. Ha investigado y resuelto problemas de una complejidad nunca estudiada.

Giorgio no es un gran orador, pero tiene muchos intereses, incluida una insospechada pasión por el baile, lo que garantiza una buena dosis de inteligencia cinestésica; además, en su bagaje de inteligencias múltiples, tan rico como afortunado, hay que contar también una gran humanidad; con él comparto la idea de que todos los hombres tienen los mismos derechos y deberes y que las desigualdades son una vergüenza.

En él, como antes en Einstein y en otros grandes físicos y matemáticos, predominan la intuición, la creatividad y los conceptos globales por encima de los seriales. Como neurofisiólogo, he llegado a pensar que en su cerebro de genio y de hombre justo el hemisferio derecho funciona a las mil maravillas.

En efecto, es sabido que los dos hemisferios cerebrales, iguales en apariencia por forma y estructura, cumplen funciones distintas: el izquierdo, sede de los centros del lenguaje y la racionalidad, es analítico y trabaja en el tiempo de un modo serial; el derecho, mudo, más instintivo y creativo, predomina en el reconocimiento de las imágenes y trabaja en el espacio analizando los estímulos en paralelo.

Durante las numerosas conferencias que ha tenido que dar después de la entrega del Nobel, ha evidenciado la importancia de la ciencia, de la investigación y, sobre todo, de la investigación de base, que surge de la curiosidad, del deseo espontáneo de conocer que llevas dentro como una prótesis hasta cuando vas al baño: él mismo cuenta que la interpretación de las ecuaciones que han abierto nuevos caminos en la física de la complejidad se le ocurrió estando en el baño, en casa de sus padres, en un momento de concentración.

Me impresionó sobre todo la frase de una reciente conferencia suya: «La ciencia y la investigación señalan el espíritu de una época». Quizá sería oportuno que los gobernantes (¡¡imagínate!!) y los que se ocupan de la enseñanza la memorizasen.

Por mi parte, considerar *locura* el desprecio de la ciencia no ha sido muy acertado. Mejor habría dicho: *La estupidez del desprecio de la ciencia.*

7. La facilitación funcional paradójica

El caso de Giorgio Parisi me da la ocasión de adentrarme en la dinámica funcional de los dos hemisferios cerebrales cuando interviene una función alterada en uno de ellos (es raro que ambos hemisferios se vean afectados al mismo tiempo) o bien se produce un problema a raíz de traumas o patologías inflamatorias o tumorales, con efectos «paradójicamente positivos» para el hemisferio sano.

Los dos hemisferios tienen una apariencia muy semejante tanto cuando se examinan con preparados de formalina como en las autopsias, pero una observación más precisa muestra diferencias macroanatómicas con ligero predominio del hemisferio izquierdo por la presencia de los centros del lenguaje. Funcionalmente, ambos son muy distintos.

El hemisferio derecho, verosímilmente más antiguo, tiene propiedades más desarrolladas en el ámbito de la visión y de la interpretación de los aspectos emocionales de los mensajes sensoriales o de procedencia cortical, por ejemplo, de la memoria. Basándose en numerosas observaciones, se piensa que este hemisferio es más instintivo en la respuesta a los estímulos sensoriales y, de hecho, más libre de los vínculos de la razón y más creativo. Además, el hemisferio derecho está especializado en la visión de las caras y de la *Gestalt,* en el sentido de que reúne en una forma los elementos visuales que percibe.

El hemisferio izquierdo es el hemisferio hablante, donde residen los centros del lenguaje: el área sensorial de Wernicke y el área motora de Broca, conectadas por millones de fibras que confluyen en el fascículo arqueado. El área de Wernicke recibe la información y la envía al área responsable de la articulación motora de la palabra, área de Broca, para la respuesta. El hemisferio izquierdo es el dominante, ya que en los diestros controla la parte derecha del cuerpo y, con el lenguaje, domina principalmente las funciones racionales. Una lesión o una extirpación de este hemisferio comporta graves alteraciones de las funciones cognitivas, mucho menores cuando la lesión se produce en el hemisferio derecho. Este último es incapaz de hablar, está mudo. No obstante, aporta una contribución valiosa, nada secundaria, al lenguaje, dado que, en correspondencia con las áreas de la palabra del hemisferio izquierdo, tiene zonas que regulan la prosodia y la entonación del lenguaje. Una lesión de esa parte produce un lenguaje uniforme. Podríamos decir que el hemisferio derecho no habla, pero acompaña la palabra musicalmente.

En cambio, las lesiones de las áreas del lenguaje del hemisferio izquierdo, por ejemplo, después de un ictus, son catastróficas porque provocan una incapacidad para hablar o comprender el lenguaje llamada «afasia», de distinto tipo según la localización de la lesión: en el área de Wernicke (comprensión del lenguaje) o en el área de Broca (articulación motora de la palabra).

En realidad, en condiciones normales ambos hemisferios trabajan juntos en armonía, unidos como están por doscientos millones de fibras reunidas para formar principalmente el cuerpo calloso.

Una clara diferencia entre ambos hemisferios es que el izquierdo trabaja de un modo analítico y serial, es decir, analiza la sucesión de los acontecimientos en el tiempo, mientras que el derecho es más sintético, gestáltico, holístico, es decir, percibe la forma en su conjunto, en el sentido de que, según parece, trabaja en paralelo analizando simultáneamente los acontecimientos.

Captamos una diferencia interesante entre ambos hemisferios observando la lengua japonesa, que tiene dos sistemas de escritura, el kanji, basado en ideogramas, y el kana, basado en los símbolos fonéticos de las sílabas. De las lesiones en los hemisferios derecho o izquierdo se deduce claramente que el kanji, los ideogramas, está analizado por el primero, y el kana, por el segundo; por ejemplo, una lesión en el izquierdo causa una dislexia que deja intacta la capacidad para escribir con ideogramas.

A través de las conexiones, los dos hemisferios mantienen un equilibrio perfecto en lo concerniente a la actividad excitadora e inhibidora que se intercambian.

Los estudios más recientes han investigado las repercusiones funcionales de que el equilibrio entre ambos hemisferios se vea interrumpido o trastornado de un modo permanente o transitorio; es decir, cuando el pugilato entre los dos contendientes deja de estar igualado y gana uno de ellos, cuando ambos hemisferios ya no están completamente de acuerdo y uno se hace más fuerte y más dominante, lo que obliga al otro a disminuir sus veleidades. Los platillos de la balanza derecha e izquierda ya no están al mismo nivel; naturalmente, si uno pesa más, el otro baja.

Los efectos son inesperados y provocan sorprendentes alteraciones funcionales. Las lesiones del hemisferio izquierdo, que producen, por ejemplo, afasias o trastornos del lenguaje como las dislexias, causan un predominio del hemisferio derecho que, a su vez, provoca alteraciones relacionadas con sus propiedades, con predominio de los aspectos emotivos y creativos que a veces suscitan el deseo de dedicarse a las artes visuales. Hallamos alteraciones inversas cuando la lesión afecta al hemisferio derecho, con predominio de las artes relacionadas con la palabra hablada y escrita.

En caso de desequilibrio entre ambos hemisferios, también en el bagaje de las inteligencias múltiples cambia el peso de sus componentes. Resulta muy interesante seguir los ejemplos de la literatura, en los que se analizan con todo detalle muchos casos de facilitación paradójica. Cito solo dos ya bastante conocidas porque son claras e instructivas.

El primero, y quizá el más conocido, es el de Nadia. Sus padres, huidos de Bielorrusia y emigrados a Manchester, en el Reino Unido, no conocen la lengua y llevan una vida en los límites de la más absoluta pobreza. La niña no habla durante los dos o tres primeros años y le diagnostican una dificultad de adaptación, asociada a un trastorno de tipo autista. Sorprendentemente, a los tres años, Nadia comienza a hacer unos dibujos preciosos, extraordinarios y poco comunes para una niña de su edad, y continúa así hasta los cinco o seis. Intervienen otros problemas, y con la muerte de la madre, Nadia acaba en un orfanato. A los siete años empieza a hablar y deja de dibujar; no se conoce ningún dibujo suyo a partir de ese momento. Cuando crece, se la considera una inteligencia normal, aunque algo débil, y encuentra trabajo como empleada de correos. Nadia era zurda.

Se piensa, con bastante lógica, que en la primera infancia se «benefició» de un predominio del hemisferio derecho, el visual, con hipofunción del izquierdo. Cuando, a la edad de siete años, comenzó a hablar, los dos hemisferios se reequilibraron, por así decirlo, y desapareció la facilitación funcional paradójica.

El segundo caso que quiero recordar aquí es el de Maurice Ravel (1875-1937), el compositor francés, que ya a los cincuenta y dos años, a partir de 1927, padeció de una misteriosa forma de demencia y fue perdiendo la capacidad de hablar, escribir y tocar el piano.

En la composición de su obra quizá más popular, el *Bolero* (1928), se vio más influido por el deterioro de la parte izquierda que por la vena artística. En efecto, en la obra predominan los timbres orquestales en vez de la complejidad melódica, y el timbre se elabora fundamentalmente en el hemisferio derecho.

Hace tiempo que los neurólogos se preguntan por la naturaleza de su enfermedad, que muchos han identificado con el Alzheimer, pero, según François Boller, del Centro de Investigación Paul Broca de París, los síntomas se presentaron demasiado pronto, y Ravel conservó demasiada memoria como para considerar correcto este diagnóstico. Según Boller, Ravel padecía dos trastornos distintos: una afasia progresiva primaria por erosión de las áreas del lenguaje y una degeneración corticobasal, que priva al paciente del control de los movimientos. Así que, según Boller, Ravel quedó literalmente atrapado en su cuerpo y perdió la capacidad de componer música. Las facultades perdidas por el compositor fueron sobre todo las dependientes del hemisferio izquierdo, pero, en realidad, la capacidad musical depende de casi todo el cerebro. De acuerdo con Boller y sus colegas, las últimas composiciones de Ravel muestran las primeras señales del debilitamiento del hemisferio izquierdo, acompañado de una facilitación del derecho, el que se ocupa del timbre, que toma la delantera.

Además del *Bolero*, la otra obra es el *Concierto para la mano izquierda*, compuesto en 1930. El *Bolero* contiene de hecho solo dos temas, cada uno de ellos repetido treinta veces, pero también veinticinco combinaciones distintas de sonidos. El propio Ravel lo describió como «un tejido orquestal sin música». Evidentemente, distinguir la evolución de la enfermedad del desarrollo artístico es muy difícil.

IV. El hombre es memoria

[La muerte...] esa
que con certeza futura
llevamos siempre, mientras vivimos,
delante del alma

Giacomo Leopardi

1. La memoria del futuro

¿Memoria del futuro?, se preguntará el asombrado lector: pero ¿cómo se puede tener memoria de lo que aún no se conoce? Una imposibilidad biológica, a no ser que nos refiramos al ADN, que, para ciertas enfermedades, puede indicar acontecimientos futuros en general bastante desgraciados por su pronóstico. La memoria del futuro es mucho más sencilla, aunque en su caso el pronóstico resulte inexorablemente infausto y sin esperanzas terapéuticas; de hecho, se trata de un tipo de memoria nueva en el nombre, pero, si lo pensamos, vieja y siempre presente solo en el ser humano. Sabemos que el hombre tiene muchas propiedades singulares, siendo la más conocida de ellas la palabra y su articulación en el lenguaje, que es, según la feliz intuición de Lev S. Vygotski (1896-1934), *pensamiento viviente*. No es difícil pensar en una «memoria del presente», pero sí en una «memoria del futuro». Por lo demás, y por rigor neurocientífico, convendrá decir que la memoria del presente es un absurdo, ya que no puede existir porque cuando llega a los centros cerebrales de la memoria el presente ya ha pasado.

La alusión a una «memoria del futuro» es, en cambio, precisa y está documentada. Muchos poetas, filósofos y pensadores de todas las ramas del saber han escrito una y mil veces sobre ella, y los libros con ese tema abarrotan las bibliotecas, incluidos los infinitos estantes de la biblioteca de Babel que describió Jorge Luis Borges, solo que este tipo de memoria aparece con un nombre más conocido, lleno de significados claros e indiscutibles y, no obstante oscuros e impresionantes, que es la consciencia y, por tanto, la memoria de la muerte. Octavio Paz, el escritor mexicano, sintetiza este concepto en su ensayo *El laberinto de la soledad* con una frase tan decisiva como inquietante: «Nuestra vida es un diario aprendizaje de la muerte. Más que a vivir se nos enseña a morir».

De esa memoria nace el miedo a la muerte, que es una forma de locura colectiva, locura en cuanto miedo de lo conocido y lo inevitable. Esa locura se intensifica con el paso de los años, pero aparece precozmente en los primeros contactos con el hecho dramático, lo cual puede ocurrir de las formas más diversas, desde el pajarillo muerto encontrado en la hierba hasta la desaparición del abuelo o la visión de una imagen especialmente cruda en la televisión. Con sus medias mentiras o sus respuestas a medias, el mundo de los adultos contribuye a madurar la consciencia de la inevitabilidad y la irreversibilidad de la muerte, pero al mismo tiempo de su esencia, connatural (como el nacimiento) a la biología de la totalidad de los seres vivos; pero mientras que las plantas y los animales no saben que deben morir, al hombre lo inquieta constantemente el pensamiento del inevitable paso del ser al no ser, y su loco, aunque comprensible, intento de rebelión es inútil e irracional, ya que, como nos enseña Séneca, *intra peritura vivimus,* «vivimos entre cosas destinadas a morir». Con palabras lapidarias nos lo recuerda José Saramago:

[La muerte mira] con benevolencia el rebaño humano, viendo cómo se mueve y se agita en todas las direcciones sin comprender que todas van a dar al mismo destino, que un paso atrás lo aproximará tanto a la muerte como un paso adelante, que todo es igual a todo porque todo tendrá un único fin, ese en que una parte de ti siempre tendrá que pensar y que es la marca oscura de tu irremediable humanidad[1].

1. José Saramago, *Las intermitencias de la muerte,* trad. Pilar del Río, Alfaguara, Madrid, 2005.

El párrafo está tomado de la novela *Las intermitencias de la muerte,* donde el escritor imagina la paradójica situación de un país en el que Átropo, la parca encargada de cortar el hilo de la vida, deja de cumplir con su cometido y durante un cierto tiempo no vuelve a morir nadie. La memoria de la muerte ya no existe allí, pero surgen problemas imprevistos relacionados con lo extraordinario de una vida que se ha hecho, por así decirlo, eterna.

Para los que nacen en un país «normal» el pasado es importante, desde luego. Por eso, el que llega de nuevas se apresura a comenzar, a través de la palabra y de los sentidos, la visita al museo de la vida con la guía arrogante del museo de la historia, que le indica lo que debe saber y lo que debe ignorar, lo que es la belleza y la fealdad, y le enseña lo que debe o debería pensar mediante el arte del decir, que es muy útil para aprender pero a veces también para decir poco o para callar. No menos precozmente se va formando la consciencia rodeada de misterio y de temor del término del viaje.

A nadie se le brinda la oportunidad de experimentar la realidad que encuentra virgen de instrucciones heredadas, auténticos recuerdos. Puede que esto les ocurriera a los primeros hombres, que carecían de perspectiva, no imaginaban su futuro y no conocían el significado ni de «mortal» ni de «inmortal».

Estoy convencido de que todo mi pensamiento, mi concepción del mundo e incluso mi forma de comportarme son el fruto de una continua revisión del pasado que ya no existe y que, por eso mismo, llamo el «cementerio de la memoria», donde está enterrado todo aquello que se ha hecho, dicho o escrito, un inmenso vademécum que, de grado o por fuerza, arrastramos en el camino de la vida.

En el fondo, el cielo es también un cementerio creado por la fantasía humana en los momentos de malestar debido a la necesidad de meter allí a sus muertos, junto a dioses y figuras poderosas vestidas con el ropaje de las palabras. En el fondo, Dios significa muerte en el sentido de fin de la vida mortal o esperanza de otra vida.

El protagonista de *Auto de fe* (1935), primera y única novela del escritor filósofo Elias Canetti, es, como la define el propio autor, «una cabeza sin mundo», una cabeza culta en el sentido de que conoce a fondo todos los «cementerios» del mundo pero no vale nada cuando se encuentra con una realidad nueva, una realidad viva, con los «instintos» propios de la ignorancia intactos. Teresa, «un mundo sin cabeza», la extraña esposa del protagonista, con su animalidad auténtica, representa la realidad tal cual es, sin la mediación de las palabras, que crean mundos virtuales en los que el hombre se siente menos animal, un ser superior que, sin embargo, hace la guerra, mata, corrompe, roba y explota a sus semejantes.

Más que la memoria del pasado, de la que también se conocen la localización cerebral y fisiológica, así como su progresiva decadencia con la edad y la patología, también se conocen, nos acompaña durante toda la vida otro tipo de memoria, sin duda también con sede en el cerebro, pero desconocida, que no decae con la edad, sino que se refuerza con los años y es, si se me permite el oxímoron, *la memoria del futuro,* la memoria inquietante que te sigue como tu propia sombra, que espera el fin de tu viaje, que tiene por meta la Nada u otras metas que exceden a la razón.

Cesare Pavese expresa con versos muy hermosos (de *Vendrá la muerte y tendrá tus ojos,* 22 de marzo de 1950, año de su suicidio) y llenos de angustia la memoria del futuro, la expectativa de la muerte:

> Vendrá la muerte y tendrá tus ojos
> esta muerte que nos acompaña
> de la mañana a la noche, insomne,
> sorda, como un viejo remordimiento
> o un vicio absurdo [...].

Desde que era muy joven, Pavese mantuvo un coloquio continuo con la muerte y, por tanto, con el suicidio; un coloquio muerte-vida que, desde luego, influyó en sus poemas y sus relatos, donde la duda hamletiana del ser o no ser, del querer vivir o morir está dramáticamente expresada. Durante un paseo con su amigo Davide Lajolo, Pavese se expresaba así: «Porque yo soy una viña, pero demasiado abonada. Quizá por eso todos los días noto que se me pudren también las partes que creía más sanas».

En Nápoles, donde la muerte no se esconde, sino que se despliega en todo su ritual macabro y al mismo tiempo festivo, Benedetto Croce, en una colección de apuntes editados por Giuseppe Galasso con el título de *Pagine autobiografiche* (2017), cuenta esta anécdota:

> Algunas veces, a los amigos que me formulan la consabida pregunta de ¿cómo estás?, les respondo con las palabras que Salvatore Di Giacomo oyó decir al viejo duque de Maddaloni, famoso epigramista napolitano, cuando, en una de sus últimas visitas, lo encontró calentándose al sol y este le respondió en dialecto: «¿No lo ves? Me estoy muriendo».

La certeza de la muerte, esta memoria del futuro, es una fiel compañera sin indulgencia del *Homo sapiens,* una exclusiva suya que no comparte con el resto de los seres vivos y ni siquiera con las máquinas dotadas de inteligencia artificial que él mismo ha creado.

Tal vez el hombre *presapiens* tuvo más suerte, porque aún era ignorante, pero desde que el hombre piensa, piensa también en el término de su viaje y trata de alejarlo fantaseando con metas desconocidas o con cómo continuar viviendo en el recuerdo de los vivos de su generación o de las generaciones futuras con sus obras o, lo que no es raro que ocurra, con su tumba.

El papa Julio II mandó construir su tumba a Miguel Ángel Buonarroti muchos años antes de morir. La tumba, con el célebre Moisés, se encuentra en San Pietro in Vincoli (Roma).

Tanatofobia: en la mayor parte de los casos el miedo a la muerte se vive como una condición fisiológica, un mal común que, según unas normas desconocidas y ocultas en un lugar del cerebro no revelado siquiera por la resonancia magnética y denominado por eso mismo *inconsciente,* no obstaculiza el recorrido de la existencia.

No obstante, se sabe, y está comprobado por la experiencia psiquiátrica y sobre todo psicoanalítica, que la memoria del futuro asociada al miedo a la muerte puede provocar angustia y una inquietud persistente capaces de impedir el desenvolvimiento normal de la vida y la realización de las ambiciones y las capacidades del paciente.

El conocido psicoanalista Irvin Yalom, en su obra *Mirar al sol,* afronta el problema del miedo asociado a la *consciencia de la muerte* y analiza y aconseja una modalidad psicoterapéutica para aliviar la angustia que conlleva. Sugiere mirar a la muerte con valor, en una estrategia analítica destinada a *contemplar ese sol* sin peligro para la vista.

Encontramos un tratamiento sabio y en sí mismo terapéutico del problema cuando Benedetto Croce, en el último de sus apuntes, titulado *Soliloquio* y publicado en 1951, a un año de su muerte, escribe:

Por muy melancólica y triste que pueda parecer la muerte, soy demasiado filósofo para no ver con claridad lo terrible

que sería que el hombre no pudiera morir nunca, encerrado en la cárcel de la vida [...] Ahora bien, la vida en-
tera es preparación a la muerte y no hay nada que hacer más que continuarla hasta el final, atendiendo con
celo y devoción todos los deberes que nos tocan. La
muerte sobrevendrá para darnos el descanso [...], pero
no puede hacer otra cosa que interrumpirnos, así como
nosotros no podemos hacer otra cosa que dejarnos in-
terrumpir, porque ella nunca puede estar estúpidamen-
te ociosa.

2. Erasmo vuelve a pensarlo

Erasmo, cansado pero alegre, continuaba cabalgando
hacia el país de Albión, y volvía a pensar en Doña Locura y en sus palabras seductoras y convincentes, y se
veía de nuevo inclinado sobre los libros de las bibliotecas de medio mundo, y, mientras cabalgaba, su mirada se perdía en el verde de los prados y en los mag-
níficos colores del cielo al atardecer, y luego volvía a
ver a sus colegas, los cardenales que criticaban su pensamiento, y pensaba otra vez en las frases de sus propios libros, cuyas palabras había contrastado y valo-
rado una a una, mientras un vientecillo preñado de
perfumes le traía mensajes variados, heréticos, que le
metían en la cabeza pensamientos extravagantes que
él intentaba alejar como si fueran pecaminosos pero
que, desobedientes, reaparecían y se le manifestaban

en la piel con pruritos juveniles que armonizaban con las distracciones y los placeres de la cabalgada: «¿Y si Doña Locura tuviera razón y la realidad no estuviera en las bibliotecas y en los libros, sino en el mundo real que el Señor ha creado también para mí, haciéndome así el regalo de una ocasión con fecha de caducidad que no se repetirá?».

El viento, como no queriendo que lo oyeran otras criaturas, le susurraba que debía vivir antes que pensar, y el caballo mantenía su trotecillo lento como si compartiera sus pensamientos.

Erasmo no deseaba volver a sentirse prisionero de su inmensa cultura, sino visitar los prados de su imaginación como todos los artistas, como todos los locos, diría la diosa que alegra los corazones. Tenía ganas de algo nuevo, de un impalpable futuro.

La idea, como la palabra, cuando se convierte en hecho es ya pasado, memoria, y es el fin del clímax intelectual; el deseo es la fase de excitación, diría Doña Locura, el devenir, el agua que en ese momento se ve pasar por el río del placer y del conocer pero que desaparece irremediablemente para dar paso a otra agua que se presenta al ojo de la mente para refrescarla; pero no es la eternidad, es la vida mortal.

Al final, diría Heráclito, el agua fluye sin cesar porque no quiere morir.

3. Buffalmacco y los frescos del Camposanto de Pisa

Aquel día, mientras yo saltaba de rama en rama por el árbol de la fantasía, pintando pensamientos míos en la mente de Erasmo, hete aquí que me encuentro en las escaleras de la Scuola Normale con un colega historiador del arte que se disponía a visitar el famoso cementerio de Pisa con la intención de estudiar los frescos de Buffalmacco. Pero ¿quién era ese tal Buffalmacco? El nombre me sonaba nuevo, aunque no demasiado. Salté de inmediato a la rama del deseo que me sugería unirme a la visita.

El fresco de Buonamico di Martino, llamado Buffalmacco (1262-1340), que representa el Triunfo de la Muerte, es el primero de una serie de tres grandes escenas para el Camposanto de Pisa, ejecutado entre los años 1336 y 1341. Después de la restauración de abril de 2016, la pintura recuperó casi todo su antiguo esplendor. Se trata de una obra rica en elementos y de una densa simbología.

Buffalmacco vivió en la época de Giotto (en torno a 1267-1337), pero su estilo es diferente y sus pinturas hablan un lenguaje más gótico y expresionista, especialmente en la representación de la muerte, los demonios, los caballeros, las damas y los frailes.

La obra es una representación del *memento mori,* una continua confrontación entre vida y muerte, entre ricos y despreocupados caballeros y damas y cadáveres en varios estados de putrefacción, entre pobreza y riqueza.

Domina la figura de una vieja desmelenada que lleva en la mano una *frullana* (el nombre toscano de la guadaña), con la que siega a los seres humanos. Es la muerte. Destaca un diablo terrorífico que arranca el «alma» del cuerpo de un difunto.

Nada más entrar, el camposanto te invade con una sensación especial y te sientes intimidado e impotente ante su belleza.

El historiador del arte me explicaba todos los detalles, y cuando llegamos ante la obra de Buffalmacco, me contó la historia de los daños sufrido en julio de 1944, cuando el incendio del techo del camposanto, causado por una bomba, provocó la fusión del plomo de la techumbre, que escurrió por las paredes y estropeó enormemente los frescos. En la parte baja del fresco advertí unos rasguños y se me ocurrió decir que probablemente los había causado también el estallido de la bomba, pero mi culto guía, dubitativo, sacudió la cabeza y me dio una explicación distinta e interesante: los fieles que entraban en el camposanto en tiempos de Buffalmacco, por lo general analfabetos o, en todo caso, ignorantes en materia de arte, se quedaban aterrorizados a la vista de los diablos y de la vieja desmelenada con la guadaña que representaba la muerte, pintados allí, delante de sus ojos, y los pobres pecadores, asaltados por el miedo al posible futuro que los esperaba después de morir, tiraban piedras como para ahuyentar a los demonios, que, a sus ojos, eran reales, pues la representación pictórica era la demostración de su existencia. Si el pintor los había plasmado, es que eran así.

Mi amigo me dijo que esta reacción de miedo era conocida también en otras obras que representaban las penas infligidas a los pecadores en el infierno.

En la oscura atmósfera medieval, que Ingmar Bergman reprodujo en la película *El séptimo sello,* un anónimo artista nórdico pinta con los mismos temas y con la misma intención las paredes de una capilla.

En el camposanto, me impresionó especialmente el demonio que le arranca el alma a un difunto, cuya simbología me pareció muy inquietante.

Traté de distraerme y, como neurofisiólogo, pensé en los posibles mecanismos nerviosos que podían estar en la base del miedo de mis antiguos antepasados y, naturalmente, pensé en la amígdala, la estructura cerebral particularmente sensible al miedo.

Ahora que vuelvo a ver los grandes frescos, todavía dañados pero restaurados de un modo admirable, pienso, con un salto de la fantasía, en el poder que tiene el paso del tiempo sobre la percepción, sobre lo que opinaría de estos frescos si pudiera verlos dentro de unos siglos y en qué estructuras cerebrales pensaría entonces para explicarme los mecanismos del miedo, aunque quizá yo también estuviera aterrorizado si el curso del tiempo, como sostienen algunos, es circular.

Las reacciones al medio varían con el viento del tiempo, variaciones que nosotros, con un término académico, llamamos «cultura». Puede que un animal no tenga estos problemas y que un gato de hace siete siglos o de ahora mismo no sienta ni aquí ni allá las variaciones del ambiente; es presuntuoso e incluso errado proyectar nuestro pensamiento en otros cerebros.

El gato es un animal solitario, autónomo. Algunas veces, cuando lo veo pasear por el jardín, envidio su paso afelpado y sabio, sin meta aparente. Quizá, pienso, el gato es un ser un poco melancólico; si fuera un niño se diría que tiene síntomas de autismo. «Yo no conozco al gato. Todo lo sé, la vida y su archipiélago, el mar y la ciudad incalculable [...], pero no puedo descifrar al gato» («Oda al gato», Pablo Neruda).

En el ámbito de la percepción, la vista es sin duda un sentido muy importante para el hombre, que es un animal esencialmente visual. El 50 por ciento de sus neuronas responde directa o indirectamente al estímulo visual. Ver un objeto o un animal es lo que nos da la certeza de su existencia y de su verdad. Si lo veo con unos ojos ópticamente sanos, su percepción me proporciona la seguridad psicológica de su verdad. Esto es aplicable también a la visión de fotografías, retratos y pinturas. Pero la técnica y la cultura modernas nos han enseñado que no es exactamente así, ya que los cuadros y los retratos pueden manipularse con facilidad por distintas razones, entre ellas, evidentemente, las artísticas.

Para las personas analfabetas del siglo XIV, también los animales de los bestiarios miniados existían realmente, quizá porque eran símbolos representativos de la realidad.

En el campo del arte pictórico, Giotto, por los mismos años que Buffalmacco, fue un auténtico innovador precisamente porque pintó la realidad: sus figuras humanas tenían rostros, manos y cuerpos como los reales, lo que era indicativo de su realidad, su existencia, como si además de verlos fuera posible tocarlos.

Bernard Berenson, el gran historiador del arte, creía que Giotto era un maestro incomparable en el estímulo de la conciencia táctil.

Giotto pintó entre 1303 y 1305 la capilla de los Scrovegni, donde representó escenas de la vida de María y del Evangelio, y el pueblo mayoritariamente analfabeto de entonces encontró en los frescos de las paredes la demostración de la existencia real de los personajes de los relatos sagrados.

Al mismo tiempo, aquellas figuras, «misioneras de la fe», vehiculaban de un modo indirecto el mensaje preceptivo del comitente, Enrico Scrovegni, que, además de mecenas, era banquero y un político importante; es decir, obediencia y orden. En lenguaje moderno se diría que aquellos frescos cumplían el cometido de la televisión de su época: comunicaban la verdad, justo la verdad que debía creerse y a la que era oportuno y obligado adecuarse, como lo es para la verdad de cualquier poder a lo largo de la historia.

Giorgio Vasari, el autor de *Las vidas de los más excelentes arquitectos, pintores y escultores italianos desde Cimabue hasta nuestros tiempos* (siglo XVI), describe a Buffalmacco como un personaje burlón siempre dispuesto a la broma y al chiste, un auténtico *toscanaccio* (de «toscano»), aunque tal vez la descripción más divertida nos la da da Giovanni Boccaccio en la tercera novela de la octava jornada del *Decamerón,* donde Bruno y Buffalmacco, dos pícaros redomados, para burlarse de él, convencen a Calandrino, un personaje que existió en la realidad, el típico tonto al que todo el mundo toma el pelo, de la existencia de una piedra, la heliotropia, que ha de buscarse en el cauce del arroyo Mugnone y que, una vez hallada, concede la invisibilidad, lo que permitiría a quien la poseyera enriquecerse cometiendo todo tipo de latrocinios sin ser descubierto, a lo que siguen unas escenas graciosísimas.

Giovanni Boccaccio fue capaz de sonreír y hacer sonreír con todo, incluida la pandemia de su tiempo (1346-1353), que fue con mucha probabilidad de peste, causada por una bacteria y llamada *peste negra* debido a la cianosis que presentaban los apestados en el estadio final de la enfermedad, y que fue terrible, como lo es ahora la COVID-19. Entonces las vacunas no existían y, por tanto, afortunadamente, tampoco existían los antivacunas.

4. Paul Klee

Quiero recordar a Paul Klee (1879-1940), a quien, en la última parte de su vida, una enfermedad y un conjunto de acontecimientos desgraciados le inspiraron unas representaciones artísticas tan trágicas como originales.

En 1933, los nazis cerraron la Bauhaus, donde Paul Klee había dado clases durante muchos años, y lo obligaron también a dimitr de la Academia de Bellas Artes de Düsseldorf, donde enseñaba técnica pictórica, dado que consideraban sus obras «arte degenerado». Acabó en la cárcel, pero luego consiguió emigrar a Berna, en Suiza. Desilusionado y deprimido por la situación, enfermó de una patología respiratoria hasta que se le diagnosticó una forma grave de esclerodermia, una enfermedad autoinmune, de la que moriría en 1940. En un autorretrato que realizó en los últimos meses de su vida impresiona cómo consigue Paul Klee mostrar la desesperación y el terror de la muerte.

En dicho cuadro, con solo unos cuantos signos de expresividad dramática, muestra la rigidez del rostro causada por la esclerodermia y la tragedia de su enfermedad. También en 1940, pintó *Muerte y fuego*, donde se ve a un hombre con el rostro de una palidez cadavérica sobre un fondo con el color del fuego. A la izquierda del cuadro está claramente dibujada una gran T, que tiene encima una O amarilla, mientras que en el centro destaca una gran D blanca. Es la palabra *Tod,* «muerte». Parece que con esta pintura Paul Klee quiso despedirse para siempre de la vida.

5. Los muertos sin luto

Hay vidas tan difíciles, tan trágicas, tan al límite de lo soportable que nos hacen preferir cualquier otro destino, aunque sea la muerte.

No pienso en esas terribles situaciones patológicas que reclaman el perfeccionamiento de las leyes sobre el fin de la vida que nuestro país continúa postergando, sino en todos aquellos que dejan casa, tierra, afectos y lengua para emprender unos viajes sin fin y repletos de peligros con tal de mejorar su situación y la de sus hijos.

Este éxodo imparable y de enormes proporciones que sale de los países más pobres del mundo, martirizados por catástrofes climáticas, guerras, epidemias, hambrunas, corrupción y explotación por parte de países más ricos, es parte del gran capítulo de las desigualdades a las que no sabemos o mejor no queremos poner remedio.

A la vergüenza del persistir y el multiplicarse de las desigualdades se suma casi a diario la de tener que asistir con impotencia al abandono en el Mediterráneo de las barcazas cargadas de seres humanos por parte de los bandidos que trafican con los emigrantes movidos por una esperanza de futuro que poco tiene que ver con la memoria del futuro, es decir, con el pensamiento de la muerte. Se trata de hombres jóvenes, de mujeres y de niños abandonados a su suerte en el mar, donde encuentran con frecuencia una muerte sin luto.

Las noticias acerca de estos náufragos y muertos han acabado generando una especie de costumbre, de hartura, y cuando los emigrantes consiguen tocar nuestra tierra, además de plantear problemas prácticos de acogimiento, provocan el rechazo, como si fueran invasores peligrosos que nos roban el bienestar y los puestos de trabajo.

Los muertos del Mediterráneo ya ni siquiera son noticia. Se trata de un drama histórico, hijo del mundo moderno y globalizado, en el que la «civilizadísima» (quizá es un modo tradicional de decirlo) Europa tiene mucha responsabilidad por sus decisiones pasadas y presentes y por su falta de compromiso a nivel institucional. Obstaculizar y postergar hasta el infinito las medidas en materia de justicia y de inmediata aplicación que pueden poner fin a esta tragedia es la señal de una decadencia civil europea, que de ese modo educa a sus ciudadanos en el cinismo.

Abandonar en el mar es mucho más «elegante» que ahorcar o fusilar y exime de sentir que se comete un delito. Abandonar no significa matar para quien hace oídos sordos a los gritos de su conciencia; el asesino es el mar, no el hombre. Este tipo de sordera, que se repite a través de la historia, parece una disfunción crónica y pandémica del alma, ya presente en los mitos que nos han llegado de épocas lejanas, como el que cuenta la trágica historia de Dánae y su hijo Perseo.

Pero ¿quién era Dánae? Según el mito griego, la hermosa Dánae fue encerrada en una torre de bronce por su padre Acrisio, rey de Argos, para mantenerla alejada de sus pretendientes. En efecto, según una profecía, en el caso de que Dánae engendrara un hijo, Acrisio perdería el poder y moriría a manos de su nieto. Pero Zeus, prendado de la bella Dánae, lejos de resignarse, penetró en la torre adoptando la forma de una nube de la que descendió una lluvia dorada que fecundó a Dánae. De aquella unión nació Perseo, el héroe que mató a la Medusa.

La lluvia fecundadora está magníficamente representada en un famoso cuadro de Gustav Klimt (1862-1918). Acrisio, aterrorizado por la posible materialización de la funesta profecía, montó en cólera y decidió castigar a su hija y a su nieto abandonándolos a los peligros del mar en una caja de madera «cerrada con clavos de cobre».

Simónides de Ceo (556-468 a. C.), uno de los líricos griegos de los que nos han llegado numerosos fragmentos, personaje famoso también por su memoria visual (procedimental)[2], conmovido por la tragedia de Dánae y

---

2. Sobre la figura de Simónides, caracterizada por aspectos muy novedosos, surgió ya en la Antigüedad una rica anecdótica. Se le atribuyó la invención de una técnica mnemónica que permitía imprimir los datos en la memoria mediante la fijación de varios puntos de referencia visuales. La noticia procede de una anécdota ambientada durante la estancia de Simónides en el palacio del rey Skopas de Tesalia. Este reprochó al lírico haber dedicado demasiado espacio a la exaltación de Cástor y Pólux en una de sus composiciones, y, por tanto, lo invitó a exigir de las dos divinidades la mitad de la compensación que él tenía que darle. En ese momento, comunicaron a Simónides que había dos jóvenes esperándolo fuera del palacio. Mientras se dirigía a recibirlos, el palacio se derrumbó

de Perseo, cantó su trágica suerte en un poema secular-
mente famoso. «El lamento de Dánae» dice así:

En el arca trabajada con arte el viento que soplaba
y el agitado mar, con miedo,
la sacudían, con mejillas no sin humedecer
ceñía en torno a Perseo su mano maternal
y dijo: «¡Oh, hijo, qué sufrimiento tengo!;
y tú duermes en tanto y con lactante
corazón dormitas en este lecho inhóspito
de broncíneos clavos, en la opaca noche,
tendido en esta negra oscuridad;
y de la espuma profunda sobre tu pelo
de la ola que pasa no te preocupas,
ni del sonar del viento,
recostado con tu ropa purpúrea,
bello rostro.
Pero si para ti fuera terrible lo que es
terrible,
incluso a mis palabras
aplicarías tu oreja delicada.
Te lo pido: duerme, niño,
y duerma el mar, y duerma
la desgracia sin medida;

y tanto el rey como sus invitados quedaron sepultados entre los escom-
bros. Parecía imposible reconocer a los muertos, cuyas caras estaban
completamente desfiguradas, pero Simónides fue el único capaz de iden-
tificarlos porque había memorizado a la perfección el lugar que ocupaba
cada uno de ellos en la mesa.

y algún cambio aparezca,
padre Zeus, de tu parte».

Simónides canta la angustia de Dánae, que acuna a su niño Perseo, y los sentimientos de ternura y el miedo y la plegaria que agitan su corazón.

Son versos conmovedores, profundos y hoy de nuevo actuales si pensamos en la tragedia de los inmigrantes abandonados en el mar. Hay entre ellos muchas Dánaes y muchos Perseos.

¿Habrá también otro Simónides que sepa cantar su tragedia y conmover tanto a nuestra generación como a las generaciones futuras?

V. Constantes antropológicas y evolución cultural

> Eres aún aquel de la piedra y de la honda, hombre de mi tiempo.
>
> SALVATORE QUASIMODO

1. El hombre no cambia

En las páginas anteriores nos hemos detenido en el sentimiento del final, que cabe considerar una constante antropológica característica del ser humano. Pero también hemos presentado ejemplos de hombres innovadores que vivieron en tiempos más o menos lejanos, algunos calificados de locos por los conformistas de distintas épocas, y quizá nos ha quedado la impresión de que los hombres de nuestro tiempo son distintos, no solo en su estructura física sino también como seres humanos. Yo sostengo que el medio, las costumbres, el clima y el tipo de gobierno, etc., influyen obviamente en el comportamiento de los habitantes de una región dada en un periodo dado, pero solo de un modo transitorio y relacionado con ese determinado medio. El hombre, afirmación esta que parecerá sensata a unos e inverosímil a otros, no cambia de una manera estable en el tiempo, porque eso requeriría una mutación de sus genes. A lo largo de los siglos, con el sucederse de las generaciones, cambian algunas formas de expresión debido a las imprevisibles y a veces enormes influencias del medio, y tales variaciones, que yo llamaría en sentido figurado «vestidos», pueden ser diferentes en las distintas partes del mundo. El hombre de la Edad Media nos parece muy diferente al hombre actual por su modo de comportarse y de pensar, pero el motivo es la diversidad ambiental y cultural que, ahora como entonces, modulan la expresión de los genes. Pero en las generaciones sucesivas los genes son siempre los mismos y lo que llamamos «historia» es únicamente su modulación transitoria. Se podría decir, parafraseando las palabras de *Medea* en la película con que Pier Paolo Pasolini reprodujo la tragedia de Eurípides, que «somos una vasija llena de un saber no nuestro».

El hombre es hombre, y como tal se mantiene, al igual que el gato o el león o el asno de Buridán, eternamente inseguro de sus decisiones. La historia es una serie de acontecimientos que se suceden y, por retomar conceptos ya expresados por Pasolini, narran el desarrollo, es decir, lo que ocurre en la técnica, la ciencia y el arte de ese momento, pero carecen de la perspectiva del cambio, en el sentido de hacer progresar, es decir, de mejorar, al hombre. Y carecen de esa perspectiva porque no pueden tenerla; para cambiar al hombre, habría que cambiar su ADN. Como se sabe, existen hoy algunos intentos de conseguirlo, que, al menos yo, contemplo con terror.

En su obra *Las palabras y las cosas,* Michel Foucault sostuvo la muerte del hombre, pero el hombre, lejos de morir, sigue siendo el mismo y está bien vivo aunque cambie de vestimenta con los siglos. No existe el hombre poshumano, porque los fundamentos esenciales de su animalidad son invariables; sería como decir que los perros ya no son perros, ni los gatos, gatos, aunque puedan parecer distintos según se los haya domesticado.

No existe el hombre poshumano porque el hombre no cambia, no se vuelve mejor o peor; siempre lo caracteriza el instintivo deseo del dominio de su semejante para ser superior a él y utilizarlo hasta convertirlo en esclavo físicamente y lograr que trabaje para él. Este dominio del otro es, a mi parecer, uno de sus rasgos innatos, además de la curiosidad de analizarse y analizar el medio que lo rodea y de experimentar con armas siempre nuevas y, modernamente, con la tecnología de la comunicación y de la revolución digital; estas últimas son de hecho herramientas, pero pueden convertirse en verdaderas armas, como las pistolas y las bombas, en la medida en que pueden ser débiles instrumentos de dominio de los demás, de su vida o, más taimadamente, de su pensamiento; han difundido, como arma de dominio económico, político y moral, la filosofía de la necesidad social de un consumismo desenfrenado de cosas, de comida, olvidando cínicamente a quien no tiene para sobrevivir, en una bulimia sin sentido que muchas veces daña la propia salud. En otro ensayo he llamado a este proceso «bulimia de consumo y anorexia de valores».

Con la globalización, domina la religión del dios mercado. La COVID-19 parece un demonio que nos recuerda la pequeñez y la inutilidad de nuestro estatus de animal, y la inmunidad de rebaño parece una técnica eficaz para quitarse de encima a los más inútiles, que son en su mayoría los más débiles, los más pobres y los más viejos. La pobreza abrirá las puertas del Cielo, pero en la Tierra seguramente no abre ninguna, porque casi siempre esta se le cierra en la cara al pobre que llama para pedir ayuda. Abre un camino fatigoso y maldito que hay que recorrer, el camino del súbdito o del esclavo.

Como ya hemos dicho, el hombre no cambia con el tiempo; existe una versión juvenil del hombre, la de la curiosidad, el descubrimiento del mundo y de los demás, que Quirón, el centauro maestro de Jasón en la *Medea* de Pasolini, calificaría de «sagrada», y una versión adulta, la del cambio de opinión, la del miedo a la muerte, la de lo «no sagrado». Es el mismo hombre que cambia de vestido en el curso de su vida.

En un determinado periodo, ya sea un siglo o una generación, la sociedad en la que vive esculpe al hombre como se esculpe una estatua, allí se le enseña y se le impone cómo ha de ser su vida. La escuela es el escultor, igual que la familia, la economía, sus necesidades reales y, sobre todo, las que le inducen oportunamente las comunicaciones, pastores que cuidan de un rebaño sustancialmente pasivo.

Si dirigimos una cámara imaginaria a nuestro tiempo presente, encontramos un ser con una ropa completamente diferente pero con las mismas características animales. Los resultados son interesantes. La primera diferencia que ofrece el espectáculo es que el hombre se mueve con mayor rapidez, como si tuviera prisa en llegar, en hacer, en concluir. De hecho, ha cambiado la forma de concebir el tiempo, como si el reloj corriera más deprisa y hubiera que apresurarse aunque la meta no sea el recorrido de la vida, sino un conjunto de metas provisionales. El mercado, el consumismo, el éxito y, en general, el neoliberalismo tienen que correr porque necesitan llegar antes que el competidor.

Si comparamos la vida social con una carrera ciclista como el Giro de Italia o el Tour de Francia, el hombre está más interesado en alcanzar la meta de cada etapa que las metas finales, cuyo nombre trata incluso de ignorar, porque no es ni París ni Milán, sino el de un pueblecito desconocido... Su prisa se aplica también a la organización social, económica y política, que es la de hoy o la de mañana, pero nunca la del largo plazo. Piénsese en los peligros inherentes al cambio climático, cuyo control, cada día más urgente, se plantea con la retórica de las palabras, con el blablablá que ha denunciado la joven Greta Thunberg, lo que retrasa las intervenciones concretas para un futuro que se deja a las generaciones venideras, un embrollo cínico e inmoral que queda para nuestros hijos y nuestros nietos, una deuda que tendrán que pagar ellos.

En el campo del arte pictórico, pero también en el literario, es evidente la influencia del aumento de la velocidad, de los momentos que han de aferrarse deprisa porque no esperan y porque hay miedo a perderlos para siempre. Por fortuna es frecuente que las obras adecuen la velocidad de producción a la de su desaparición, sin dejar huellas profundas. Forman parte de la memoria a corto plazo.

2. Nuevas realidades en la ciencia y el arte

En cuanto a la evolucion cultural, data de la noche de los tiempos, con sus etapas materiales algunas veces inmersas en el mito: el fuego, la rueda, el uso de herramientas. En los tiempos históricos este tipo de evolución, que afecta a todos los aspectos de las comunidades humanas, desde la comida hasta las leyes, se ha caracterizado por el aumento del conocimiento científico, lo que ha producido cambios esenciales en la concepción del mundo y del «lugar» que el hombre ocupa en él.

Simplificando mucho y parafraseando a Gregory Bateson, «cualquier escolar sabe que...» son tres las revoluciones «copernicanas» que nos han arrojado a la inquietud de la modernidad: la propiamente copernicana, *De revolutionibus orbium coelestium* (1543), la de Charles Darwin, *El origen de las especies* (1859), y la de Sigmund Freud, *La interpretación de los sueños* (1899).

Tres textos, tres, inaceptables para el sentido común y para los maestros morales de su tiempo y que inevitablemente permearon la cultura, al menos la occidental, de las épocas posteriores.

A caballo de los dos últimos siglos, toda Europa, especialmente en sus grandes capitales, Londres, París y Viena, vivió un momento de enorme progreso científico y tecnológico y un gran desarrollo de las artes. En la biología, el mundo de los vivos, sustraído por Darwin a la cristalización del relato del Génesis, revelaba su constante dinamismo temporal tanto macroscópico como microscópico. Los microscopios ópticos, continuamente perfeccionados, mostraban la existencia de organismos nunca imaginados, y la investigación, cada día más avanzada en materia de órganos, tejidos y células, iba a descubrir, se esperaba, los misterios ocultos. Cada vez eran más evidentes los vínculos estructurales y funcionales entre la totalidad de los organismos, incluido el hombre, lo que confirmaba la polémica conclusión a que había llegado Darwin: que la especie humana era una especie animal como las otras, y, como ellas, el resultado de un proceso evolutivo en el que el azar, más que una rígida causalidad, desempeña una función importante. Por esta heterodoxa conclusión, Darwin, el más tranquilo de los hombres, pareció a sus contemporáneos un loco de remate, merecedor de un librito publicado en 1885 con el título de *The Darwin craze,* que contenía las opiniones contrarias a la «locura darwiniana».

A esta visión dinámica de la biología la física le regalaba sus intuiciones sobre la flecha del tiempo y la irreversibilidad.

Viena, sobre todo, se convirtió en un laboratorio en el que la feliz convergencia de varias disciplinas distintas hizo posible un nuevo modo de abordar también el problema de la mente introducido por Freud (1856-1939).

Los actores de este laboratorio fueron la ciencia, el arte y el florecimiento de una nueva psicología: la psicología del inconsciente. El elemento más fascinante de esta cultura fue su capacidad de difundirse y de impulsar al mismo tiempo al pensamiento y a la acción. En Viena se tenía la impresión de que la cultura era el factor predominante en la vida de los círculos, los salones, las reuniones y quizá también de los cafés, frecuentados por intelectuales y artistas fascinados por la biología y la medicina, el cuerpo humano, el sexo y la vida.

Un hecho sorprendente sobre todo para los italianos en aquel periodo desastroso, cuando la cultura era una cenicienta no solo olvidada, sino también despreciada en el rincón de un hogar que ni siquiera existía.

Los instrumentos básicos del laboratorio vienés fueron la ciencia experimental, la física y la biología, y muchos de los grandes nombres, como Ernst W. J. W. Mach y Ludwig E. Boltzmann, por citar solo dos, que se sucedieron allí en la cátedra de Filosofía de la Ciencia escribieron la historia del pensamiento científico basada en datos objetivos, en la lógica y la demostración. Este auge del pensamiento nos plantea la ambiciosa pregunta de qué pueden descubrir la investigación y la nueva realidad visible al microscopio en relación con los mecanismos creativos de la mente, con la complejidad del hombre y sus manifestaciones psíquicas o neurológicas, que nos remiten a causas todavía desconocidas.

En París, Jean-Martin Charcot había practicado la hipnosis como si fuera una llave que pudiera abrir las puertas ocultas de la mente del enfermo, una invasión violenta de recuerdos olvidados, de flores o de desperdicios escondidos no se sabe dónde, aunque seguramente en el cerebro, y muchos, incluido Freud, acudieron a su hospital con la intención de aprender la técnica para emplearla. Más que la originalidad de las preguntas, que el hombre ya se había formulado siempre de varias formas, impresiona la curiosidad obsesiva de descubrir y la voluntad de conocer.

En todo este fervor, que es también libertad de pensamiento e investigación, desempeñó una función relevante la revolución darwiniana, que había apeado al hombre del pedestal de criatura especial para convertirlo en un animal como todos los demás. Por otra parte, el sexo, hasta entonces hipócritamente enmascarado, se convirtió en un factor relevante de investigación. En el frecuentadísimo salón del matrimonio Zuckerkandl (Emil, el marido, era el responsable de la Facultad de Medicina, lo que hoy llamaríamos «decano») se hablaba de biología, de Freud y de Darwin y, al estar en un medio biológico-médico, se encontraban disponibles las herramientas técnicas de investigación, como, por ejemplo, los microscopios; se mostraban los portaobjetos histológicos, la sangre, los óvulos y los espermatozoides. Los visitantes tenían un enorme interés por conocer, por entrar en su propio cuerpo, en sus instintos y en sus propiedades biológicas.

3. La Secesión de Viena: Klimt, Kokoschka y Schiele

Los científicos y los artistas de la época fueron asiduos frecuentadores del salón de los Zuckerkandl. Entre ellos, encontramos pintores tan conocidos como Gustav Klimt, Oskar Kokoschka y Egon Schiele, pero también filósofos y científicos.

3.1. Gustav Klimt

Gustav Klimt (1862-1918) era uno de los visitantes más asiduos del salón de los Zuckerkandl, y en su librería figuraba un libro de tema naturalista, *Die illustrierte Geschichte der Tiere* (1872), indicativo de un interés general por las ciencias naturales. Klimt, que era un vividor, un amante de la belleza, comenzó su producción artística como decorador. Aún no se mostraba atormentado, pero en sus pinturas comenzaron a aparecer óvulos, espermatozoides y órganos sexuales que pasan inadvertidos para el observador apresurado, como si fueran ornamentaciones de los ricos tejidos de las telas.

El beso, uno de sus cuadros más famosos, aparecido en torno a 1907, nos ofrece un ejemplo estéticamente fascinante y demostrativo. Si ponemos atención, veremos sobre el fondo amarillo oro de los vestidos los óvulos, el esperma y el rectángulo negro que simboliza el órgano masculino.

3.2. Oskar Kokoschka

Entre los invitados del matrimonio Zuckerkandl, Kokoschka, Schiele y otros artistas de la época se sintieron profundamente influidos por Freud, los instintos y el sexo como símbolos del pensamiento, y sus obras inauguraron la época del expresionismo, cuya pintura manifiesta sobre todo tormento, deseo y muerte. Con frecuencia, son hermosas e interesantes para el espectador, como cubiertas de libros que narran en imágenes la angustia de vivir. El espectador las encuentra bellas, pero también intrigantes, excitantes y al mismo tiempo tristes. En *Niños jugando*, Oskar Kokoschka (1886-1980) expresa esa interpretación triste y ambigua de dos niños vistos con la mirada indagadora del psicoanalista.

El cuadro representa a los hijos de un librero que el pintor conocía bien. Lotte, de cinco años, y Walter, de ocho, dos hermanitos. Los niños aparecen en una posición erótica; la mirada de Walter al cuerpo de su hermana, las manos, los colores del fondo, su fisicidad, todo representa su excitación espiritual. Es como si los colores de la ropa, rojo y azul oscuro, los ojos que no miran, contaran deseo, malestar, angustia y pecado. El cuadro escandalizó a la Viena burguesa y fue retirado del museo de Dresde. Desde entonces, los cuadros de Kokoschka se expusieron en Inglaterra e influyeron en la obra de Lucien Freud y de Francis Bacon.

3.3. Egon Schiele

Otro pintor fuertemente influido por Freud fue Egon Schiele, cuya producción artística fue abundante, a pesar de la brevedad de su vida (1890-1918). Con él nos adentramos en la pintura expresionista aún más profundamente que con Kokoschka, pues sus cuadros tratan de indagar en la parte más misteriosa y enferma del ser, que Freud había llamado el ello (precisamente por eso a Freud no le gustaba su pintura). Sus autorretratos, con alteraciones de tipo patológico, nos causan temor, y algunas veces nos parecen retratos de nosotros mismos, la parte fea y patológica de toda persona. Finalmente, los numerosos cuadros que plasman relaciones amorosas de hombre y mujer, entre ellos los que llevan el nombre de Eros y Tánatos, evocan la hipócritamente ofensiva animalidad de la relación.

VI. La huida de lo racional

1. El manifiesto del surrealismo

Uno de los movimientos artísticos más innovadores y significativos del arte visual y la literatura del siglo XX fue el surrealismo, que se desarrolló hacia los años veinte con el manifiesto de su impulsor, André Breton, donde se teoriza la necesidad de huir de lo racional para abrazar, siguiendo las huellas de Freud, el inconsciente y los sueños. Se pretende renunciar al principio de causa y efecto, por ejemplo, con la escritura automática, y se invita al autor a escribir lo que le venga caóticamente a la cabeza, sin sentido ni normas sintácticas. Breton escribió de esta forma un libro titulado *Nadja,* aunque conviene decir que no lo hizo en un solo día, sino a lo largo de varios meses, y que lo retocó años después. Un automatismo sospechoso de seguir un plan.

Yo mismo lo he probado por curiosidad y puedo decir que, sorprendentemente, el texto conserva para quien lo escribe un sentido, como el inconsciente, que supuestamente es la fuente de donde procede, como si tuviera un orden propio que podría llamarse racional. En efecto, el texto no resulta caótico, ni tampoco carente de sentido o incomprensible.

El movimiento surrealista invadió sobre todo las artes visuales e incluso perdura hasta hoy mismo, con manifestaciones muy diversas a lo largo del tiempo, que, sin embargo, mantienen la libertad expresiva al margen de lo racional, al menos aparentemente, aunque en algunos artistas es *racionalmente irracional* o proyectado como tal. A mi parecer, este importante movimiento artístico sentó las bases de la velocidad del pensamiento en la creación de la obra de arte, donde la novedad del mañana parecía o debía parecer más atractiva y más importante que la de hoy. El movimiento tuvo un éxito creciente y, en un congreso organizado por André Breton en 1947, inauguró la huida de la razón hacia nuevos ámbitos del pensamiento como base del arte, tales como la alquimia, la magia, el ocultismo, el chamanismo, etc. Volveremos sobre el tema al hablar de la Bienal de Venecia de 2022.

A un neurofisiólogo le asalta la duda de que la base del movimiento surrealista, o sea, la huida de lo racional, con sus efectos en el arte, sea de hecho un movimiento completamente racional, dado que la irracionalidad no existe; no existen las neuronas de la irracionalidad, sino las de la racionalidad, que, evidentemente, tienen también la facultad de pensar conscientemente de un modo irracional. Lo irracional como tal solo existe en el ámbito de la enfermedad, en una disfunción de los circuitos nerviosos, como en la locura o la demencia. A mi parecer, esta «historia» de la huida de lo racional es una *irracionalidad razonable,* una estrategia para hacer arte de un modo aparentemente nuevo.

2. René Magritte

René Magritte (1898-1967) es un pintor surrealista original y especialmente interesante; un artista de amplia cultura, capaz de reflexionar con profundidad e inteligencia sobre el proceso creativo. Una obra suya muy conocida, de la que existen numerosas versiones, representa una pipa con la leyenda *Ceci n'est pas une pipe,* que desorienta al espectador mostrando el significado sofística y provocadoramente racional de la figura, es decir, una pipa en la que no se puede fumar y que tampoco puede guardarse en un cajón, y, al mismo tiempo, un nuevo modo de hacer arte. Para Magritte, la vida es todo un misterio. Su estrategia artística consiste en introducir la duda en la realidad, en la realidad como verdad, y poner siempre una interrogación. Las obras de Magritte son objetos, hombres reales en contextos absurdos que se prestan a interpretaciones contradictorias.

3. El danzarín y el sacerdote

Especialmente en Nueva York, con el nombre de *action painting,* según la definición de Rosenberg (1952), o con el más académico de expresionismo abstracto, se desarrolló la obra de numerosos pintores, entre los cuales, los más conocidos son Jackson Pollock y Mark Rothko. Se trata de una versión muy interesante del surrealismo, que expresa un automatismo extremo ampliado a los músculos y a todo el cuerpo. El movimiento, caracterizado por la violencia de los gestos y/o los colores, es, de hecho, una revuelta contra la sociedad burguesa, conservadora y adinerada. Conviene señalar que casi todos estos artistas llegaron al surrealismo partiendo de un tipo de pintura enteramente tradicional.

Uno de sus mayores exponentes fue, sin duda, Jackson Pollock (1912-1956), que pintaba derramando barnices y colores sobre los cuadros y las telas de grandes dimensiones con la técnica pictórica del *dripping,* es decir, dejando que los colores goteen en el lienzo con un pincel y sobre todo con paletas. Desterró el cuadro con caballete y, en general, la elaboración estática de la pintura en posición vertical.

Personalmente, sus obras me gustan mucho. Al principio nadie les hizo caso e incluso las despreciaron, como tal vez sucede siempre con las obras verdaderamente innovadoras, pero luego conocieron un enorme éxito.

A primera vista, parecen un caos de signos y colores producidos por una fuente caótica, pero cuando se conoce la historia del artista, su danza armoniosa alrededor del cuadro, como guiado por una música de jazz, en un trance apasionado, se iluminan las raíces del pensamiento y surge un cuadro en movimiento, en el que el espectador quiere sumergirse. Nos preguntamos entonces si estas obras tienen una armonía en el sentido kantiano de la palabra y si todos esos signos y colores se distribuyen racionalmente, y la respuesta del espectador es positiva: no querría cambiar ni criticar nada. Es una armonía desesperada, que conmueve y exalta, y un análisis preciso de tipo matemático, con la técnica de los fractales, demuestra que no es en absoluto caótica.

No niego que todas las manifestaciones pictóricas, considerando las más famosas, sean bellas en el sentido kantiano de la armonía de los signos y los colores, pero son sobre todo pensamiento que podría expresarse en palabras; piénsese, por ejemplo, en las obras del periodo cubista de Braque y Picasso.

Otro artista de la *action painting* cuyas obras obedecen, según mi parecer, a los criterios kantianos de la armonía es Mark Rothko, el artista «pintor de brocha gorda», cuyas obras son principalmente grandes franjas de color que, a primera vista, parecen banales pero que si las miras otra vez y otra y otra, acabas entendiendo que hay algo que te gusta, que te conmueve. Por lo demás, lector, también te gustan los ocasos, el sol ocultándose tras los montes, aunque no conozcas el origen del fenómeno físico (John William Strutt Rayleigh, físico británico y premio Nobel, formalizó un modelo matemático del atardecer, debido, como ahora se sabe, a un esparcimiento de la luz producido por las minúsculas partículas que están presente en el aire).

Mark Rothko (1903-1970), nacido en Letonia de familia judía, tuvo una profunda educación religiosa que incluía la lectura de los textos hebreos, en especial de la Torá. Es el más clásico de los expresionistas neoyorquinos. Solía decir: «He pintado templos toda la vida sin darme cuenta». Sus cuadros tienen un sentido religioso y las emociones que despiertan son universales.

Los dos, Pollock y Rothko, se suicidaron. Pollock en un accidente de tráfico cuando conducía borracho en una carrera desesperada, y Rothko, sumido en una depresión profunda, se cortó las venas.

Si tuviera que poner nombre a lo que me traen a la memoria sus obras, me gustaría decir que Pollock es un danzarín, y Rothko, un sacerdote.

4. Surrealismo en femenino

El surrealismo, como hemos visto, es una huida de la razón en busca de estímulos nuevos, una nueva realidad creada por la fantasía, una realidad que no existe pero que es verdadera porque tú la ves, la sueñas y la crees, en el sentido más *ambiguo* del término. Esta revolución del arte y del pensamiento se renovó con el manifiesto de Breton, de 1928, y se desarrolló sobre todo en el congreso de 1947, donde se plantearon como temas perceptivos el ocultismo, la brujería, la alquimia y la magia. La base de este movimiento es la convicción de que el cerebro puede crear una realidad suya en relación con un contexto artificial o distinto de aquel en el que vive, una realidad aparentemente surreal.

La Bienal de Venecia de 2022 ofreció un ejemplo de esta corriente surrealista, especialmente en el campo de las artes visuales.

La distinción entre el surrealismo masculino y el femenino carece de sentido, porque, como dijo el poeta Éluard, el arte no tiene sexo; otra demostración de que el cerebro de la mujer es como el del hombre, salvo, quizá, en las manifestaciones intuitivas, emocionales y afectivas, donde evidencia su superioridad.

Aquí nos referiremos principalmente a tres grandes figuras que dominaron la Bienal veneciana de 2022: Leonora Carrington (1917-2011), Remedios Varo (1908-1963) y Cecilia Vicuña (1948). Las dos primeras son de origen europeo, respectivamente inglés y español, mientras que Cecilia, que recibió el León de Oro con ocasión de la Bienal de 2022, es chilena. Son tres figuras de vastísima cultura, y aunque aquí nos ocuparemos solo de su actividad en el campo de las artes visuales, fueron también escritoras y poetas.

Es importante subrayar que la exposición veneciana estuvo dominada por la obra de las mujeres, no sé si por decisión de los organizadores o por las propiedades del cerebro femenino que hemos señalado. Las mujeres despuntaron como flores y frutos de una cultura mágica y más libre.

En mi opinión, las mujeres son la esperanza de un mundo mejor en el mañana, porque, como dice Borges, tienen el don de la gracia y de la inteligencia del cuerpo. Y yo digo también que tienen el alma de la sonrisa y de la lágrima y la capacidad de ver más allá.

La exposición tomó el título de la obra de una mujer, Leonora Carrington, *The Milk of Dreams (La leche de los sueños)*. Aunque la artista era inglesa, junto con Max Ernst se trasladó a México, donde vivió setenta años y donde enriqueció su cultura con las tradiciones de ese país.

La artista contaba a sus niños fábulas cuyos personajes se convertían en ogros y animales, y los niños se dormían con ellas.

Carrington tuvo una vida muy agitada, atormentada y a veces difícil, cuando, por ejemplo, en España estuvo ingresada en un manicomio a raíz de una grave depresión. Su amor por el arte surrealista surgió a partir del encuentro con Max Ernst, con ocasión de una exposición en Londres. Allí nació un amor por el hombre y por el artista que fue para ambos el amor de su vida. Leonora participó en el congreso organizado en París (1947) por Breton, que quedó muy impresionado por sus obras, con las que abría el arte no solo a la libertad de la imaginación y el pensamiento, sino también a la alquimia y a la magia, e invitaba a buscar estímulos para enriquecer este arte de lo imposible que se hace posible, hermoso y estimulante para la vista y la mente del espectador.

En el arte de las brujas o, como ha dicho alguien, en el arte de las brujas sobre las brujas destaca, junto con Carrington, la bruja Remedios Varo.

Un ejemplo que demuestra la creatividad de su mágica fantasía, con un título que la describe: *Papilla estelar.* En esta tela, la artista imagina a una mujer que explora el cielo con una sonda, recoge la información en un jarrón, un nutrimento estelar, lo machaca y alimenta con él un cuarto de luna; una madre, imagino, que alimenta a una luna con rasgos humanos –su hijo– con la papilla del mundo, del cielo; con la leche de su fantasía.

Una obra que expresa la indignación, la condena de los destructores de la civilización, es *La comegente,* de Cecilia Vicuña, que representa un sueño suyo: devorar a los prepotentes, a los corruptores y a los malvados para luego defecarlos y dar origen así a una nueva civilización. En esta época de virus, de armas, de muerte, de prepotentes que juegan con sus soldaditos y presumen de los muertos del *enemigo,* palabra que debería retirarse del diccionario, la imaginación, que es cerebro, que pasea sobre los montes y se tumba en los cojines de las nubes, que consigue ver con ojos

llenos de lágrimas el dolor y oír el canto de los ruise-
ñores en el silencio de la noche, es una huida de la realidad para defecar la ignominia, la fealdad y la violencia, y convertirse en esperanza de un mundo mejor.

La imaginación es Dios y Mefistófeles y ángeles con
alas de leche, y camina por la Luna con la luz de la
mañana. Y no quiere más que continuar viviendo en
armonía.

Esto lo dijo también la Bienal de Venecia de 2022,
la bienal del arte de las mujeres.

Epílogo
El hombre serial

«La locura es una condición humana. Existe en nosotros y está tan presente como la razón»; vuelvo a citar esta frase de Franco Basaglia, que, en su obvia verdad, no es tan fácil de asimilar como parece.

El loco huye del pensamiento cristalizado para vivir en un futuro distinto y abre caminos que solo más tarde también recorrerán con naturalidad los llamados «normales».

La frase de Einstein que abre este libro expresa un pensamiento genial, lleno de confianza en la grandeza del hombre.

En el campo del arte, igual que en el de la ciencia o el del voluntariado, que se pone al servicio del prójimo, un nombre tan conocido como Gino Strada, con los hombres y las mujeres de Emergency, su ONG, o, incluso en el campo de la economía, el de Amartya Sen ofrecen ejemplos indiscutibles y convincentes de la grandeza del ser humano.

Detrás de las obras de estos «locos» hay casi siempre unas biografías marcadas por el sufrimiento, por una profunda capacidad de simpatía, porque, como escribe Esquilo en el *Agamenón,* no existe el conocimiento sin sufrimiento: πάθει μάθος, «con el dolor se aprende sufriendo».

Si tuviera que describir la normalidad con una imagen, se me vendría a la cabeza una línea recta, con raras y pequeñas oscilaciones, mientras que para la locura recurriría a una irregularidad sinusoide, arriba y abajo, como el síndrome bipolar, volar o morir. En el loco, la enfermedad se puede asociar a otras locuras básicas del sujeto, como en el caso de Willem de Kooning, que, afectado por una demencia senil, imprimió a sus obras una nueva luminosidad, conservando su valor artístico.

El artista necesita estímulos fuertes para exaltarse, volverse un poco loco y crear; por eso, algunas veces, busca esos estímulos en las drogas, en el alcohol o en la huida a un ambiente distinto que lo obliga a abrir otros ojos. En la primera edición de *Fausto* (1808), Goethe afirma que los monjes del conocimiento y la belleza esperan siempre la idea, y que para tenerla serían capaces de vender su alma al diablo.

El loco tiene más ojos de lo normal y más oídos y más palabras: mejor volar que caminar, mejor mirar el cielo que la tierra que pisamos.

Para huir de la situación actual, tan pobre en valores, se ha creído ingenuamente en la formación cultural, en la enseñanza, pero si, bajo los regímenes dictatoriales, la enseñanza ha sido una herramienta de adoctrinamiento, hoy parece evidente que se la ha descuidado con intenciones estratégicas para no cambiar nada e impedir que nazcan ideas nuevas, potencialmente peligrosas, en las nuevas generaciones.

A la sociedad no le gusta lo distinto y no lo cuida. Hoy, además, se precipita hacia un mundo digital que reduce el pensamiento a un algoritmo, lo que debería asustarnos. El futuro digital es producción y consumo, es el mundo de los más fuertes, es, por decirlo con palabras de Pasolini, el mundo del desarrollo pero no del progreso.

La creciente disponibilidad de tecnologías avanzadas crea la esperanza de que, en un mundo futuro, se resolverán todos los problemas, los nuevos y los viejos. La ciencia es la madre de esas tecnologías y cumple una función decisiva en el mundo moderno, razón por la cual los países más previsores invierten cifras significativas del PIB en la ciencia. Deberíamos alegrarnos porque la ciencia supone creatividad, entusiasmo y una «creencia», casi una religión, en el futuro del hombre. Pero la ciencia endiosada causa fenómenos colaterales muy sospechosos, como el de una tecnología invasiva de la libertad de espíritu, una tecnología que quiere ocupar también el alma –la cual, por otra parte, escapa a una definición científica–, y que, además de la libertad de pensamiento, domina también otra más importante, la de nuestras elecciones, y provoca el terror, incluso la indignación, de que todo nuestro actuar, desde las sonrisas hasta las lágrimas, esté guiado por un algoritmo, por una contrafigura que contiene toda la información sobre nosotros y que por tanto puede dirigir el comportamiento de un «yo» que prácticamente se ha convertido en una palabra de significado muy limitado.

Surgirán los supermercados de los algoritmos e incluso las iglesias.

Una película reciente (*E noi come stronzi rimanemmo a guardare,* 2021, «Y nosotros nos quedamos mirando como idiotas») del actor y director Pierfrancesco Diliberto, más conocido por Pif, muestra la trágica indiferencia con la que asistimos, sin mostrar el menor signo de rebelión, al espectáculo de convertirnos en seres virtuales, cada cual maniobrado por su rígido algoritmo, que nos obliga a aceptar condiciones de vida absurdas y humillantes, incluida la de establecer relaciones sentimentales con hologramas.

Los gestores de los algoritmos, como el joven John (posible *alter ego* de Bill Gates) de la película de Pif, ostentan el poder económico, político e incluso moral (adjetivo de significado líquido) y consiguen controlar todos los aspectos de la vida individual con una tendencia que parece imparable y deja entrever un futuro en el que los oportunos algoritmos se convertirán en los medios de información y también de corrupción del pensamiento ajeno. Las ideas acabarán siendo propiedad de la colectividad, lo que desembocará en una clonación cerebral y cultural con el objetivo de crear ciudadanos muy parecidos entre sí, como otras tantas ovejas Dolly, que pensarán y desearán como se les indique que lo hagan. El *Homo sapiens* está siendo sustituido por una nueva criatura, el *hombre serial,* como los automóviles, un éxito evolutivo que intenta abolir la biodiversidad humana y acostumbrar a la colectividad a un consumo único.

La inteligencia humana le cede al algoritmo la facultad individual de pensar y decidir mediante la institución de la cómoda *contrafigura digital,* que puede aconsejarte sobre las compras, las lecturas y todo lo que quieras. Inútil pensar, pídeselo al algoritmo que domina la fisiología de lo inmaterial.

Como escribía Remo Bodei: «Con la inteligencia artificial y el *machine learning* el hombre se convertirá en el brazo de un *logos* artificial».

El escéptico se pregunta si se podrá adquirir el algoritmo de la poesía, del amor, y cómo funcionaría el algoritmo de la empatía.

Puede que la esperanza del escéptico en un ser humano mejor no encuentre la respuesta en la sociedad, que no se ocupa de los hombres distintos, de los locos, sino en la biología, en la grandeza potencial del ser humano, que captará la necesidad de una resurrección para volver a ser humildemente hombres.

Todos los cambios grandes y rápidos han causado miedo al mañana.

El futuro está siempre repleto de temores y esperanzas. Unos hombres distintos, afectados por lo que parecían rarezas, cuando no auténticas patologías, han producido las grandes obras de arte que conservamos para consuelo de nuestra vida y testimonio de que el hombre es y seguirá siendo grande, de que muchas veces la grandeza del hombre ha dado y continúa dando miedo sencillamente porque no estamos preparados para comprenderla y de que montes, valles y abismos son las expresiones biológicas naturales de la humanidad de ayer, de hoy y de mañana.

Si hay un miedo que crece es el de la posibilidad de una manipulación bioeléctrica del cerebro capaz de facilitar el control directo de la actividad cerebral, circunstancia en la que el hombre se convierte en un «simbionte» regulado y dirigido por otros hombres a su antojo, conforme a objetivos que nos son ajenos y que podríamos no querer compartir. Los experimentos de laboratorio han tenido un éxito inesperado en el campo de la medicina para la terapia de la sordera, y lo tendrán seguramente para la vista y para ciertas formas de temblor sintomáticas de la enfermedad de Parkinson, hasta ahora resistentes a la terapia médica, que pueden curarse mediante la estimulación eléctrica con un electrodo implantado en una estructura cerebral del diencéfalo llamada «núcleo de Luys».

De nuevo el avance del conocimiento muestra aspectos muy positivos junto a efectos colaterales temibles. Nos toca a nosotros dirigir su uso hacia valores dignos del hombre y de su privilegio de pensar.

Lecturas recomendadas

BASAGLIA, F., *L'utopia della realtà,* Einaudi, Turín, 2005.

BATESON, G., *Mind and Nature,* E. P. Dutton, Nueva York, 1979.

BECK, U., *La sociedad del riesgo,* varios trads., Paidós, Barcelona, 2019.

BISPURI, V., «Il Basaglia d'Africa che libera dalle catene i malati mentali», en *l'Espresso,* 20/09/2021. Y en línea: https://espresso.republica.it/mondo/2021/09/20/news/il_basaglia_d_africa_che_libera_dalle_catene_i_malati_mentali-318243423/.

BODEI, R., *Dominio y sometimiento,* trad. Pepa Linares, Alianza Editorial, Madrid, 2022.

CAMPBELL, D., *El efecto Mozart,* trad. Amelia Brito, Ediciones Urano, Barcelona, 1998.

CARRINGTON, L., *Leche del sueño*, FCE, México.

CROCE, B., *Soliloquio. Pagine autobiografiche,* Adelphi, Milán, 2022.

ERASMO DE ROTTERDAM, *Elogio de la locura,* trad. Pedro Rodríguez Santidrián, Alianza Editorial, Madrid, 2011.

FOUCAULT, M., *Historia de la locura en la época clásica,* trad. Juan José Utrilla, FCE España, Madrid, 2000.

—, *Las palabras y las cosas,* trad. Elsa C. Frost, Siglo XXI, Madrid, 1997.

GARDNER, H., *Inteligencias múltiples,* trad. Teresa Melero, Paidós, Barcelona, 2011.

KANDEL, E. R., *La era del inconsciente,* trads. Jesús Sánchez e Ignacio Villaro, Paidós, Barcelona, 2013.

—, *The Disorded Mind,* Little & Brown, Boston, 2021.

LAJOLO, D., *Il vizio assurdo,* Toma, Minimum fax, 2020.

LONGO, G., *Il Simbionte, prove di umanità futura,* Mimesis, Milán, 2013.

MAFFEI, L., *Alabanza de la lentitud,* trad. Carlos Olalla Linares, Alianza Editorial, Madrid, 2016.

—, «Randomized trial on the effects of a combined physical/cognitive training in aged MCI subjects: The Train the Brain Study», en *Train the Brain Consortium*, 7, 39471, 2017.

—, y FIORENTINI, A., *Arte e cervello,* Zanichelli, Bolonia, 2008.

PAZ, O., *El laberinto de la soledad,* Cátedra, Madrid, 2015.

PRINZHORN, H., *Expresiones de la locura: el arte de los enfermos mentales,* trad. María Cóndor, Cátedra, Madrid, 2012.

VYGOTSKI, L., *Pensamiento y lenguaje,* trad. José P. Tosaus, Paidós, Barcelona, 2010.

YALOM, I., *Mirar al sol,* trad. Agustín Pico, Barcelona, Destino, 2021.